清心为治本，直道是身谋。

秀干终成栋，精钢不作钩。

仓充鼠雀喜，草尽狐兔愁。

史册有遗训，无贻来者羞。

——（宋）包拯

书端州郡斋壁

包拯（999—1062）字希仁，庐州（今安徽合肥）人，生于真宗咸平二年，天圣五年（1027）考取进士。在仁宗朝的三十多年中，出知过天长县（今属安徽滁州天长市）、端州（今广东省肇庆市）以及瀛洲、扬州、庐州、池州、江宁府、开封府，出使过契丹，担任过工部、刑部、礼部之职，以及转运使、监察御史等。嘉祐元年（1056），以龙图阁直学士权知开封府，不畏权贵，不徇私情，清正廉洁，坊间流传“关节不到，有阎罗包老”的赞誉。后升任三司使、枢密副使等职。嘉祐七年（1062）病逝，谥号“孝肃”。其清官形象及“包青天”的故事家喻户晓，被后人改编为戏剧、小说、影视剧等流传于世，历久不衰。

包拯绣像

包拯画像

京剧塑造的包公形象

包拯塑像

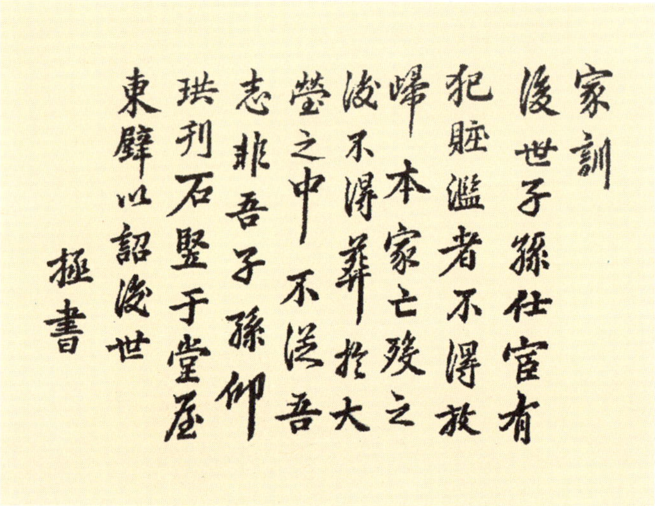
家訓
後世子孫仕宦有
犯贓濫者不得放
歸本家亡歿之
後不得葬於大
塋之中不從吾
志非吾子孫仰
珙刊石豎于堂屋
東壁以詔後世
拯書

包拯家训

包公墓志盖

位于包孝肃公祠内的廉泉

位于合肥市内包河南畔林区的包孝肃公墓园

正说包公

李炜光 著

中国青年出版社

前言

何为『清官』

包公以自己的一生，撰写了一篇“清官”的范文，也是从他开始，人们才真正了解了天下原来还真的有“清官”和什么叫做“清官”。根据包公的行为规范，所谓“清官”，至少包括以下几个“指标”：

一是廉洁。“清官”首先必须是个“廉官”，在这方面，包公堪称楷模。包公最后官至枢密副使，二品大员，职位不能说不高，但他却始终保持廉洁的本色不变，衣着、饮食、家什器具等等依然 “如布衣时”，跟当官以前一个样，从未改变。正如一个人做点好事并不难，但一辈子做好事就很难很难一样，为官一生，清廉一世，实非易事。包公做到了，而且无怨无悔。

据说为了表彰包公的政绩，宋仁宗曾经要把半个庐州城送给他。包公拒绝了，可是仁宗执意要送。包公就说，这样吧，您把家门口的一段护城河给我吧。仁宗挺奇怪，要护城河干什么？包公回答：臣将这段河留给后世子孙，他们富也富不到哪儿去，再穷也饿不着。河面不大，但可以养鱼、种藕，那都需要靠他们自己的双手劳动。臣希望他们能自食其力，不要做不劳而获的人。

这只是个传说，无法证实，但北宋年间建成的包公祠，就坐落在这段护城河的一块名叫“香花墩”的绿洲之上，人们把这段河称为“包河”。夏日里，河面上开满了荷花，盛产鲜藕。说也奇怪，满世界的藕都藕断丝不断，唯有这包河里的藕，一刀切下去，清清爽爽变为两段，却无丝。奇就奇在这里，包公一生清廉无私，这包河里的藕也一身“无丝”，天下竟有这么巧的事！这不是民间传说，确有其事。《香花墩志》上有记载。

二是不图虚名，只做实事。包公不讲排场是出了名的，这方面的例子多得数不清。庆历七年（1047）的四月，他被调任陕西转运使。转运使是主管运输事务的中央或地方官职。唐朝的时候在州或郡上设置一级监察机构“道”，宋代改为“路”，实际上已经成为一种大行政区，跟现在的“省”相近。全国分为十八路，转运使就是路的行政长官。他的职责是掌管一路的财政税收，兼考察地方官吏、维持治安、清点刑狱、举贤荐能等，职权相当大。

包公此前是五品官，穿绯红色官服。绯红色就是比较正的红色，韩愈的诗里有“佩服上色紫与绯”的句子，是说穿衣服什么颜色最漂亮？紫色和红色，这是当时的最佳流行色。官场上，这却代表着两个等级，不能弄错的。包公穿五品官服才半年就晋升为三品，可谓官运亨通，按规矩，他应当更换紫红色的“章服”，以标示他新的地位。包公领命，脑子里想的都是陕西夏粮登场如何护农、征税、转运的事，忘了去领一套与自己地位相称的新官服换上，穿着原来那套行头就上路了。倒是皇上想起来了，马上派人拿上三品官服在后面追。追的人快马加鞭，可包公走得更快，一直追到华阴县才追上，马都累吐血了。包公换了衣服继续赶路，此地离西安只有一百多公里了，可见包公走得有多快。也就是通过这一件小事，宋仁宗开始对包公有了新的认识，对他更信任、更加重用了。

三是不徇私情。皇祐五年，也就是公元 1053 年的时候，包公曾回家乡庐州府做过一阵子地方官。回到桑梓之地，父母之邦，碰到的最大的难题是盘根错节的人情网。自古家乡的官难当，北宋朝明白这个道理，所以一般不委派官员回原籍做官，这叫“回避”。但包公为什么回去了呢？是他自己主动要求的。他要求，皇上就批准？没错，包公家出事了。在他五十五岁那年，独生子包繶突发急症去世了。老年丧子，人生的最大悲剧，一贯服从朝廷调遣、不计个人得失的包公也有些承受不住这个无情打击，破天荒向皇帝提出调到离庐州近一点的地方任职，以便照顾家庭。仁宗很体谅他的难处，调他回庐州任知州。

包公刚回来，他的一些不明事理的同宗亲戚、亲朋好友就闹腾开了，仗着包公的权势胡作非为，欺压乡里百姓。其中就有他的舅舅，被告到衙门。包公认真听取了受害人的申诉，然后向他舅舅问道：

“他说的，是也不是？”

“是又怎么样？”

“你不否认？好，来人，打四十大板！”

“包黑子，你敢？我是你舅舅！”

“少废话，打！”

几个差役上来把他掀翻在地，照屁股上狠狠开打了，才二十大板下来，就打得包公那个舅舅七窍丢了三对半。

外甥打舅舅的板子，传将出去，社会上反响不小，褒贬不一。有的说，打得好，不徇私情，难得！也有的说，包黑子太不讲人情世故，舅舅都敢打，难道做了官就可以六亲不认？

对外面的议论、责难，包公丝毫不予理睬，我行我素。不过，效果很快显现出来，他的那些亲戚故旧，一个个变得安分守己，再也不敢胡闹了。从此，合肥一带就流传着一句话：“外甥有理打得舅。”这件事，在吴奎写的《包公墓志铭》中有记载。

四是“不与富人交”。包公对与地方豪强富户交往采取非常谨慎的态度，这是他一生秉持的原则。据史料记载，包公早年在家乡读书时发生过一件事。他和一个姓李的同学共同借住在一间僧舍里，在两人上学的必经之路上，住着一家富户。有一天，包公和这位姓李的同学经过这家门口时，发现那位“大款”就站在家门口笑吟吟地等着他们。待两位走近，富人双手作揖，请他们进屋“坐坐”，“交个朋友嘛”。没等同学说话，包公即上前施礼，说我们还有急事，不便打扰，婉言谢绝了。过了几天，大款摆了一桌宴席，再请二位“一定赏脸！”态度非常诚恳。盛情难却，李同学打算赴宴。包公正色曰：“彼富人也，吾徒异日或守乡郡，今妄与之交，岂不为他日累乎？”（《朱子语类》）他是谁？大款；我们是谁？穷学生！你动脑想一想，他干吗请我们？今天跟他勾勾搭搭，日后我们若是考取功名，被派到家乡来做官，怎么跟他相处？他要是犯了罪，我们怎么好秉公执法？那位同学恍然大悟，结果两人都没有去吃饭。十多年后，包公和李同学果然先后被委任为庐州知府，正好应了包公先前的话。

不愿与富人交往的原因，包公说得很清楚，为富不仁，官府、豪门相互勾结，干下多少罪恶的勾当，百姓深受其害。出身于平民家庭的包公，表现出一种很朴素的思想感情，深切同情民间疾苦。他一生专跟那些为富不仁的有钱人过不去。这是包公被人们历代传颂的一个主要原因。

在端州，包公还是这样，公事公办，从不与富人拉关系、套近乎，这就切断了官府与富商们的畸形联系，为端砚的治理打下了一个好的基础。

五是肯为民请命。《七品芝麻官》里有一句话，叫“当官不为民做主，不如回家卖红薯”。可是历代官僚很少有人能做到这一点。欺压百姓，取悦皇上，讨好上级，这是做官的“诀窍”。包公在家乡庐州府做官时，他的前任就是这样，好事没干多少，却总是加粮加税，把地方土特珍品——深山里的鹿脯、巢湖里的银鱼供奉给皇帝和上司，至于老百姓的死活，他是不关心的。包公自小在庐州长大，非常了解这个地方，土地贫瘠，十年九旱，百姓生活十分贫困。为了让皇帝了解庐州的真实情况，包公玩儿了一个“花招”。他精心选择了两种贡品，一种是细得不能再细的黄鳝，另一种是小得不能再小的土老鳖，把这两样作为贡品献给了仁宗皇帝。仁宗一看就挺不高兴：怎么用这两样丑东西糊弄我？包公见皇上脸色不好看，忙禀奏：“庐州的土地是不少，可是长不好庄稼，这样的黄鳝算是大的了；淝水不肥，老鳖也就能长这么大。百姓交的赋税太重了，衣不周身，食不果腹，请皇上开恩减点儿税吧！”

仁宗叹口气说：“庐州，真的是地瘦人穷啊。瞧这黄鳝，细得跟朕的御笔差不多了，免庐州一年的赋税吧！”包公马上跪下叩头谢恩。为了缓和气氛，包公接着说：“皇上，您看这黄鳝、老鳖虽小，但经我们庐州厨师的烹调，可是味道鲜美啊，您不妨尝尝。”仁宗夹起一块品尝，吃惯了宫廷大菜，乍一吃这地方风味，觉得格外可口，连连点头：“不错，好菜！”从此，“御笔黄鳝”就成了徽菜中的一道名菜，今天去安徽合肥一带，说不定还能品尝到这道菜呢。

包公给皇上进贡，皇上吃得怎么样不重要，却“骗”来了一项德政，宰相刘罗锅给乾隆皇帝进贡荔浦芋头跟包公有得一比。

“清心为治本，直道是身谋。”千年后，包公的至理名言听来仍如雷贯耳，仍是当今为政者师表，为民者心愿。包公担任谏官和监察御史期间，铁面无私，刚正不阿，经他弹劾，一大批腐败的、不称职的官员倒了。

包公为官，贵在一个“清”字：清正、清明、清廉。唯其清正，一身正气，办事公平，他才能得到大多数人们的信任和爱戴；唯其清明，敢于坚持原则，与贪官污吏和各种丑恶现象为敌，他才能够在党争激烈、腐败盛行的官场上没有被污染，被淹没；唯其清廉，虽居高位，却严于律己，从不以权谋私，他才为世世代代的人们所牢记、所传颂。

不清者不能为官，包公为此奋斗了一生，这种精神是中华民族的宝贵财富，任何时候都不会过时。

目录

第一章

身世之谜

如果从包公出生的那年算起到现在，已经有一千多年了，可是人们从来没有忘记过包公，仍然世代传颂包公的故事。

实际上，正史上有关包公的记载很少，几个版本的包公传记都不过一千多字，最长的《包公墓志铭》也不过三千多字，可是民间流传的包公故事可就多了，加起来足有好几百种。在民间，包公早已经超越历史，成为神话。

如果只相信那些干巴巴的历史记载，人们怎么可能如此长久地记着他？可是如果说那些传说就是事实，那历史本身不是变成神话了吗？可见，在包公身上，是围绕着一层神秘光环的。人们一直在问：那些民间传说，哪些是真的、哪些是假的？真实的包公究竟是什么样的呢？

如果把包公的这些未解之谜概括一下，主要有以下五个问题：

第一，有关包公的身世，如，包公刚一生下来就被父母抛弃了吗？后来又是被他的嫂子养大的吗？

第二，关于包公的形象，他的脸真是黑的吗？真的有一个月牙儿嵌在他的额头中央吗？

第三，包公都断过哪些案子？真的是断案如神吗？那些著名的公案，“狸猫换太子”、“秦香莲”等等，跟包公有关系吗？

第四，包公历来严于律己，也严于待人，经他指名道姓弹劾过的本朝官员就有六十一名，连宰相也被他拉下马，甚至还胆大包天地冲撞过“龙颜”。

换别人，早就遭报复了，可是，包公却能很好地保护自己，而且一直受到重用，这其中的“奥秘”是什么呢？

第五，包公是怎么死的？是被人害死的？后又身葬何处？等等。

一、包公的脸是黑还是白

面黑，额头上一弯新月，是包公最显著的特征。那么，包公真有这么黑？真的有月牙儿？

流传于世的包公画像，包氏宗谱、包公祠里，还有故宫南熏殿上各有一幅，另外，梁启超先生的名作《饮冰室合集》里也收有一幅。几幅画像，一幅一个模样，其中哪一幅最接近包公本人呢?

专家们怎么说的呢?他们认为,历史上的包公是个白脸长须、面目清秀的人物;包家人自己也这样认为,包公的三十三代孙包义旭依据族谱,也说包公是白脸。

既然包公是白脸,那为什么民间盛传他是黑脸呢?专家的看法是,这主要受戏剧表演的影响。比如京剧,用各种颜色绘成脸谱来刻画人物,白色一般用来形容小人、奸臣,包公这样的清官当然不能勾白脸。那么,用红脸行不行?也不行。红色是忠臣的象征,让人想起关公来。而黑脸,代表着冷峻、严肃,包公正好就是一个非常严肃的人,用黑脸最合适。

尽管学术界算是有了定论,可还是有几点疑问:

第一,中国古代绘画一般都是工笔或白描,似乎很难准确表现出一个人的皮肤是黑是白来。比如,一个人皮肤只是比常人偏黑一些,他画得出来吗?

第二,包公祠虽然有很长的历史,但毁了建,建了毁,历经近千年,很难说它收藏的包公像是原来那幅了。包氏族谱也有相同的问题,年代太久,就是包家人,也难以肯定手里的包公像是早先那一幅。再就是故宫里收藏的,紫禁城里的珍宝文物有相当一部分是清朝从元、明时期继承下来的,这幅包公像是不是元继承宋的,后流传至今的呢?很难说。这些流传的画像,都不能说是靠得住的证据。

还有梁启超保存的那幅,人比较瘦弱,面相也相对黑一些。

可这幅画梁先生是从哪得来的，没有说明，需要做进一步的考证。

第三，当时汴京流传着一句话，叫“关节不到，有阎罗包老”（《包拯集校注》）。在佛教中，“阎罗”是“管理地狱的魔王”，据说他手下有十八个判官，分管着十八层地狱。当时的人为什么把包公形容为阎罗呢？

传说中的阎罗是黑脸，当时的人会不会因为包公也是个黑脸，而把这个“美称”送给他呢？

很有这个可能。平时给谁起一个绰号，一般是根据这个人的外貌而定，而很少根据他的内在特征。为什么人们偏偏拿包公去跟阎王相比，而不是跟别的谁联系起来，可能就是来自于这样一种自然联想。就像看到某个女孩子很漂亮，就叫她西施一样。

另外，“阎罗包老”这个称呼在包公生前就有了，那时候的人恐怕比今人更知道包公是黑脸，还是白脸。

所以，包公极有可能是个黑皮肤的人，至少比一般人偏黑一些。当然，恐怕黑不到舞台上那个程度。实际上，说包公是个白面书生，民间就很难通过。在舞台上弄个白脸包公出来，人们会问，那还是包公吗？所以，没有充分证据之前，最好不要轻易推翻老百姓心目中已经定型的包公形象。

至于包公额头上的月牙儿，民间的说法是，包公一身清白，可上昭日月。也有人说，包公可以夜审阴间案件，这叫“日判阳间不平事，夜间秉烛断孤魂”。月亮属阴，这个印记就是包公往来阴阳两界的通行证。不过，无论从流传下来的哪幅画看，月牙儿都不存在。由此可以认为，是后人、特别是艺术家们塑造人物形象的需要。如果没这个月牙儿，包公出台亮相，脸上漆黑一团，好看吗？画一个月牙儿，马上就不一样了，包公变成帅哥了。

二、包公小的时候被父母抛弃过吗

有关包公的出生，民间有许多传说。《七侠五义》上的说法是，包公母亲临产，老爹包令仪这时做了一个梦，梦见一只青面獠牙的怪兽向他扑将过来，他一下惊醒了。这时家人来报：“员外，夫人生了，一个男孩儿！”他马上想起了那个不祥之梦，这孩子来得不吉利，所以只是到后院探望了一下夫人，那孩子，他连看都没看一眼。

包令仪已有两个儿子，老大包山，老二包海。包海这时候插了进来：这是个小怪物，会把灾难带到咱家的，扔掉算了。包老爷没反对，包海就偷偷把婴儿抱出来，上后山，正打算扔掉，突然，一只老虎蹿了出来，吓得他魂飞魄散，尿了一裤兜，丢下婴儿，掉头就跑。

爷儿俩鬼鬼祟祟的活动，被包家大媳妇看到了，回去告诉丈夫。包山赶紧出门去找，紧赶慢赶，心想后山有虎，我三弟命休矣！可是走近一看，奇迹发生了：只见一尺多厚的草上，“趴着个黑漆漆、亮油油、赤条条的小人儿”，小孩儿竟在一堆草上睡着了。

包山把婴儿抱回家，夫妻俩一合计，决定把自己的孩子托付给别人抚养，把三弟充作自己的儿子，养大成人。

包山夫妇为什么把自己的孩子送出去呢？第一，包山跟包海是完全不同的人，见三弟受难，必然伸手去救；第二，两个孩子不能都养，家里多出一个，别人看见会生疑的，要是让包海他们发现，老三还是活不成；第三，为什么送自己的孩子而不送三弟呢？不放心，要牺牲就牺牲自己的。这是人们心中对人性的一种理解：向往良善，鞭笞丑恶。

合肥一带还流传着另一个版本，说是包令仪自己把婴儿扔进了附近的池塘。当时正是夏季，池塘里开满了荷花。小包公被茂盛的荷叶托住了，没有掉进水里。这时，包家的长嫂到池塘边洗衣服，见到了荷叶上的小包公，就偷偷抱回家中，把他抚养成人。

还有别的一些说法，大同小异，至少有两点是相同的：包公刚出生即被父母抛弃，包公是由嫂子养大的。这些说法可信吗？答案是：不可信。

据包公自己说，他“生于草茅，蚤从宦学”（《包拯集·求外任》）。草茅，是乡间的意思；蚤，就是“早晚”的“早”；“宦”就是“官”。宦学就是学如何做官，这是古代教育的基本内容。就是说，他出生于一个普通的耕读之家，早年一直在乡间求学，直到长大成人。

经考证多种史料，没有一条可以证明包公曾被自己的父母遗弃过。他出生时是独一枝，既没哥哥，更没有嫂子。所谓二哥、二嫂谋害他，大嫂把他养大等等，完全是子虚乌有，没那回事。

那人们为什么要编排故事，说包公曾被抛弃过呢？第一，源于国人的一种传统观念：贵人多磨难。小时候经受诸多苦难，预示着他未来的大富大贵。包公是贵人，理应如此。第二，民间传说也并非恶意编造，而是出于人们对清官的赞誉、爱戴。民间传来传去，大家都自愿当了包公的宣传员，“走板”、夸张自然难免。不光包公，任何人，只要他被民间传说了，就再也无法保持他的原样。第三，比起包公来，包令仪等都是次要人物，为了突出包公这朵“红花”，他们只好受点委屈做“绿叶”了，甚至还要经受一点道德上的谴责。

三、为什么传说包公是嫂子养大的

相传，包公是吃长嫂的奶长大的，长嫂的独生子包勉，却是喝粥对付着长大的——因为妈妈的奶水都喂了小包公，没他的份儿了。可是包勉长大以后不成器，犯了大罪，落到包公手里，由此发生了一个感人的故事。

京剧《赤桑镇》讲的就是这个故事：一位白发苍苍的老太婆状告萧山县令包勉，打死她儿子，摔死她孙子，非礼她儿媳妇，致死人命三条，罪不可赦。于是，一个巨大的难题摆在包公面前：包勉是长嫂的亲生骨肉，而嫂子对自己有养育之恩，可是现在不得不让包勉伏法，包公怎么下得去手呢？包公就是包公，最终还是下定决心，不徇私情，秉公执法，斩了包勉。嫂子吴妙贞闻讯悲痛欲绝，恨包拯忘恩负义，千里来寻，找他算账。包拯向嫂子下跪，请求原谅，并晓以大义，苦苦相劝：

自幼儿蒙嫂娘训教抚养， 金石言永不忘铭记心房。前辈的忠良臣人人敬仰，哪有个徇私情卖法贪赃？到如今我坐开封国法执掌，杀赃官除恶霸申雪冤枉。未正人先正己人己一样，责己宽责人严怎算得国家栋梁。小包勉犯王法岂能轻放，弟若徇私上欺君下压民，败坏纪纲我难对嫂娘！

包拯的一片赤胆忠心，终于感动了嫂子吴妙贞。吴妙贞双手扶起包拯，叔嫂和好如初。从此，包氏家族中就形成了一个“长嫂如母”的传统，谁欺负嫂子，会遭到一致谴责。

刚才已经说过，包公并非由嫂子抚养长大，而且史料中也找不到一个叫包勉的人，所以，铡包勉的事没有真正发生过，戏剧演绎而已。那么，难道民间传说全都是虚构的故事吗？也不是。“长嫂如母”的事在包家真的发生过。

包公有个儿子，叫包繶，娶崔氏为妻，小夫妻恩爱有加，谁知两年不到，包繶突发疾病死亡。崔氏悲恸欲绝，哭得死去活来。

包公夫妇失去了唯一的儿子，当然更伤心，可他们毕竟是豁达之人，为了不耽误儿媳的青春年华，劝她改嫁，重新组织家庭。寡妇改嫁在北宋中期以前还是很平常的事。崔氏是怎么表示的呢？

> 蓬首雨泣，以死自誓，遂尽志于孝养。（《崔氏墓志铭》）

说她泪如雨下，由于悲痛，头发弄得很乱。她说：“公公、婆婆，繶郎临终之时，放心不下二老，儿媳当面对他承诺，替他床前尽孝，终身侍奉二老，誓不再嫁。往后就把我当成你们的亲生女儿吧，千万不要把我赶出包家！”说罢连连叩头，号啕大哭。包公夫妇被深深感动，只得依从儿媳的心愿，从此待她比亲生女儿还亲，崔氏也改口以爹娘相称。

谁知祸不单行，几年以后，崔氏唯一的儿子包文辅又突然夭折了，死的时候刚刚五岁，包家又一次遭受巨大的打击，悲痛笼罩了全家。孙子的死使包公无后，“香火”眼看要断。在那个时代，对一个家庭来说这可不是一件小事。

包公的家事传扬出去，在社会上引起了两种截然不同的反响：有人感叹“老天爷不公，咋好人不得好报”，给包家以极大的同情；也有人幸灾乐祸，说包拯铁石心肠，心狠手辣，活该断子绝孙。当然，这种人很少。

包公是怎样对待此事的呢？包公依然故我，秉公执法，严惩那些危害社会、欺压良善的败类，毫不手软。崔氏看在眼里，更加钦佩公公光明磊落、刚直不阿——做人就要做这样的人！作为包家的儿媳，她感到无比光荣，但她也感到深深的内疚，没有尽到为包家传宗接代的责任。现在能做的，只是在家里悉心照顾好公婆。

由此看来，崔氏当初之所以自愿留在包家，并不完全是履行孝道，更重要的是敬重公公的人品，这样的家庭充满正气，自己作为其中的一员感到自豪，从心里不愿意离开。说起来，这位崔氏可是包公的第一“粉丝”呢。

就在这时，包家又出了一件事。包公除了夫人“董氏”，还有一个侍妾孙氏。纳妾这事，发生在包公身上，可能让人感觉有点难以接受。其实，在那个时代这是很平常的。包公五十九岁那年，孙氏怀孕了，可是却突然被包公遣回了娘家。包公为什么这样做，至今还是个谜。

崔氏很同情孙氏，背着公婆，暗地里照料她，很快，一个男孩降生，崔氏又偷偷把孩子抱回来养育。

一年之后，包公六十大寿，官员们纷纷前来祝贺，宋仁宗也派人送来了礼物，但包公膝下无子，难免有凄凉之感。就在这时，儿媳崔氏突然抱出了一个活蹦乱跳、咿咿学语的孩子：“这就是爹爹您的小儿子啊！”包公惊呆了，待问清情况，才知是孙氏把孩子生下来了。此时，从不开笑脸的包公，不禁开怀大笑，当即认下孩子，取名包綖。

几年之后，包公去世了，崔氏陪着婆婆，抱着五岁的包綖，护送包公的灵柩回到合肥。这以后，包綖渐渐长大，崔氏请来老师，教他读书识字，并给包綖取了学名，叫包绶。后来包夫人也去世了，包家便由崔氏一手掌管。包绶长大后，由她做主，娶妻生子，成家立业。

待这一切都办妥当了，崔氏派人到开封一带去寻找包绶生身母亲的下落，经过一番曲折，最后把孙氏接到合肥，让包绶母子骨肉团聚。崔氏墓志铭里记载了这件事：

> 孝肃晚年得幼子绶，其母出，节妇慈养之如己子。孝肃薨，侍姑夫人归合肥。

孝肃指包公，其母出，是说包公谴妾回家的事。节妇是什么意思呢？在古时候，能守住节操的妇女，特别是对丈夫忠贞不贰的妻子，被称为“节妇”，这里指的就是崔氏。

崔氏活了六十二岁，去世的时候，包绶正在开封，闻讯之后，连夜赶回合肥奔丧，用对亲生母亲一样的礼节，披麻戴孝，办了丧事。

崔氏很早就失去了丈夫和儿子，却含辛茹苦地奉养公婆，抚养包家的独苗，名为长嫂，实为养母。没有崔氏，便不会有今天遍布天下的包氏后裔！后来，宋哲宗下诏加封她为永嘉郡君，诏书由大文豪苏东坡撰写，其中有这样一段话：

> 夫亡子夭，茕然无归，而能誓死不嫁，抚养孤弱，使我嘉祐名臣之后，有立于世，唯汝之功。（《苏轼集》）

这是对崔氏一生最为中肯的评价。《宋史》上也为崔氏立传，专门写到这位伟大的嫂子。

包公也是个有血有肉的人，一生遭受过无数的打击，在他最悲伤无助的时候，是崔氏给了他一个惊喜，一个安慰，一个巨大的支持。公公和儿媳同时被写进国史，在中国历史上也是绝无仅有的事。应该说，是包公的伟大精神感染了崔氏，而崔氏的卓越风范又为包公增添了异彩。

可能戏剧家们也被这个真实的故事所感动，就一厢情愿地把它移花接木到了包公身上，写出了《赤桑镇》这出精彩绝伦的戏剧来，至今盛演不衰。

正如前文所述，包公是跟着自己的父母长大的，那么，他的少年时代是怎样度过的呢？是不是像电视剧表现的那样，是个屡破奇案、远近闻名的少年侦探呢？

第二章

精诚尽孝

有一部热播的电视剧，片名叫《少年包青天》，说的是北宋仁宗年间，庐州府有一个面容黝黑的青年，聪明绝顶，屡破奇案，惩治恶人，远近闻名。

这部电视剧的真实程度如何呢？应该说，包公在他长期的官场生涯中，的确处理过大量案件，杀人案、盗窃案、财产纠纷案等等，五花八门。最神奇的是，他断了这么多案子，竟然没有发生过一起冤案，所以在民间留下了断案如神的美名，受到了百姓的尊敬爱戴，还被编成故事、小说、戏剧，广泛流传，甚至传播到国外。不过这是从包公一生来说的，在他的青少年时代，真的像电视剧所描述的那样，就是一个福尔摩斯神探式的人物吗？

据史料记载，少年包公的确非凡，善于动脑筋思考问题，见解独到精辟，才智超群，大家对他都另眼相看，而且人们所熟悉的只属于包公所有的那种经典的性格，在他的少年时代就已经形成了。

《包公墓志铭》上称“公幼则挺然若成人，不为戏狎”，说他小时候就不同于常人，挺然独立，像个小大人儿。长大后，包公也还是这个性格，机智、肃正、率直，富有正义感，不怒而自威。当然，包公要是“怒了”，更是威风八面。这些，电视剧表现得倒是不错。

但是，要说他从小就是个“神探”，就满不是那么回事了。真实情况是，包公在他的青少年时代，一直在家乡过着平凡的生活：读书、写字，是个非常棒的读书郎。闲时帮家里干点杂活儿，砍柴、放牛、赶鸭子什么的，一直就是个普通老百姓，没做过官，更没断过案子。

所以，电视剧表现的内容并不真实，那里面描述的所有案子都不存在，百分之百是虚构的。

由于家境贫寒，包公参加科举考试很晚，二十八岁那年，也就是天圣五年（1027）才赴京赶考。是金子早晚会闪光，包公在考试中表现十分出色，被录取在进士甲科前三十名之内，具体名次不大清楚。

按照宋朝的制度，前三十名以内的进士马上就授官。但是宋朝对进士的任用还是很谨慎的，先让他们到“基层锻炼”，一般只是被授予正八品官，直接外派到地方做知县。以后还要经过“三任六考”，才能当京官，当了京官，才有资格升任中高级官吏。

包公很快接到了任命，他被派遣到哪儿呢？建昌县，也就是今天的江西永修县去当县令。永修当时已经是一个大县，新考中的进士就被委以如此重任，说明上司很器重他。这在张田的《孝肃包公奏议题辞》中有记载。

接下来，包公就应该跟其他所有的新进士一样，打点行装上路、光宗耀祖做官去了。可是，让所有的人意想不到的是，这样一个对别人来说梦寐以求的机会，一个大好的前程，竟被包公自己给舍弃了，而且这以后很长时间他都没有出去做官，这种情况一直延续到他三十八岁。此后，他才真正踏上仕途。

大家可能会问，既然他二十八岁进士及第，为什么整整十年以后才出去做官？这么长时间里，包公在做什么？这里面又有什么事情发生呢？

一、包公父母“不欲行”的疑惑

说来大家可能会觉得有点不可思议，这期间，包公他哪儿也没去，就在家整整“蹲”了十年！因为考中进士，对于一个学子来说，相当的不容易，要付出十年以上的光阴。包公参加考试比别人晚，差不多读了二十年书，相当于鲤鱼跳过龙门，等着他的，将是辉煌的前程。

那么，他家里究竟有什么了不起的大事，能比出去做官还重要呢？史书上的说法是：父母春秋已高，身边无人照顾，包公放心不下，于是向上级提出辞呈：

“以父母皆老，辞不就。”（《宋史本传》）

尽孝是做人的根本，不孝之人无以为国，这是包公一生秉持的信念，从未有所改变。

中国孝文化源远流长，《诗经》上说：

“哀哀父母，生我劬（qú）劳。”

劬劳是劳累、劳苦的意思。父母抚养子女，含辛茹苦，历尽艰辛，子女长大成人后，当思鸟兽反哺之情，尽心尽力地敬爱、照料双亲。

儒家则鼓励人们做“孝子”，孔子要求自己的学生“其为人也孝弟”，“弟子入则孝，出则弟”（《论语·学而》），也就是把孝敬父母、尊重兄长的道德修养放在学业的首位；还提出了一些很具体的要求，其中有两条：一个是“无违”，是说不要违背父母的意愿。二是“父母在，不远游，游必有方。”（《论语·里仁》）只要父母还健在，做儿子的就不要远行，如果非远离不可，就一定要告知父母自己明确的方位。

包公是儒家文化熏陶出来的，又是一个循规蹈矩的人。既然父母不希望他“远游”，需要有人照顾，自己就得“无违”。在功名利禄与为父母尽孝之间，包公选择了后者。

包公父母是怎么表示的呢？按常理，儿子高中进士，要出去做官，这对一个家庭来说，是天大的喜事，最高兴的应该莫过于父母，肯定是儿子到哪儿，爹妈兴冲冲地跟到哪儿，高兴还来不及。可是从史料上来看，包公父母的态度恰恰相反，他们不愿意离开家乡随儿子远行。

这就有点奇怪了，简直是出人意料。这里有三个问题值得细究：

疑问一：是不是因为路途遥远，包公父母难以承受一路的颠簸之苦呢？有这个可能。但问题是，建昌县并非多么遥远，就在今天的江西省境内，离合肥不过几百公里。这段路放到今天算不了什么，走高速几小时就到了，就是在那个时代，也不能算很远。包公是出去做官，不是打工，路上朝廷会按照规定，给赴任官员提供一定的舟楫之便的。区区几百公里，不应成为大的行动障碍。所以这个理由不大站得住脚。

疑问二：是不是老两口过于年迈，已经老得走不动了？或是身体有病，失去行动能力了呢？有这样一件事，大家不妨来判断一下。包公辞去建昌县令以后不久，曾向上级打报告，要求分配一个离家近一点、级别低一点的职务。看来朝廷很体谅他，改派他为和州税监，管税收。官儿，没县令那么大，但包公不在乎，离家近一些就好。

和州，也就是今天的和县，没出安徽，距合肥只有一百多公里，相当于北京到天津这么点儿距离，应该说很近了。

包公得到消息很高兴，兴冲冲回家，向爹娘汇报，说有这么回事，要不，咱择日启程吧？

包公此刻的心情不难理解：二十年苦读，终于有了结果，报效国家的机会就在眼前，如果就这么放弃了，已经铺就的大好前程就这么被延误了，作为一名寒窗学子，他怎么能不在意呢？肯定会千方百计地争取机会。

既然去商量，就足以说明他的父母并不是病得或老得不能动，或者说，老两口实际上是有相当的行动能力的。否则，包公就不可能给上级打那个请调报告，也不可能像上面说的那样去当面征询父母的意见了。

这一次，包公父母持什么态度呢？遗憾的是，他再次遭到了父亲的拒绝：要上任你去吧，反正我跟你妈哪儿也不去，死也死在这儿了。《宋史本传》上是这样记载的："得监和州税，父母又不欲行，拯即解官归养。"所谓"又不欲行"，说明之前曾经发生过至少一次"不欲行"，由此看，上文的猜测有可能是准确的。

疑问三：包公父母是不是离开包公照顾就不行呢？包公夫人董氏的墓志铭上记载：

夫人早归孝肃公。公初中进士甲科拜棘，平得大邑，以亲不乐去州里，即弃官归养。夫人佐公，承颜主馈，内克尽妇道，外不失族人欢心者，盖十三年。

包公二十六岁娶妻董氏，二十八岁参加科举考试，在此期间，董氏已经以自己的聪明贤惠得到了包家人的承认和尊重，事实证明她完全有能力承担起照顾老人的责任，把丈夫解脱出来去专心追求自己的事业。当时，丈夫外出做官，妻子在家照顾公公婆婆，在社会上是很常见也很正常的事情。

包公父母不愿离家的原因，说起来其实很简单，就是留恋故土家乡，不愿意出门远行，而且，这很可能就是包公老爹包令仪的想法。

在那个时代，家里的大事一般是由男人做主的，做母亲的从其本性来说更加疼爱儿女，为了儿子的前途，她愿意克服一切困难，也要与儿同行的。这就是做母亲的伟大之处。做父亲的情况就不大相同了。比如包公的父亲，就是一个很难琢磨的人物。也许就是这个倔老头，犯了驴脾气：除了这个小包村我哪儿也不去，你就是当上宰相我也不去。而一辈子顺从惯了的老太太，也就只好听从老头子的意见。

看到父母这样一个态度，包公无可奈何，权衡再三，觉得还是照顾父母最重要。于是再次打报告给上司，说明情况，弃官不做。两次弃官，包公经历了激烈的思想斗争，做出了巨大的牺牲。从此，包公也就死了这份心，再也不向父母提出外出做官的要求了，一心一意，在家陪伴父母，养老送终。

儿女远行，父母不愿意儿女离开自己，这确是人之常情，无可厚非。但是，包公是独子，做父母的应该支持儿子的事业，随儿出行，这也是人之常情。两个“人之常情”中，包公父母如果不是老得或病得不能动的话，更应该选择后者。不这样做，孝顺的儿子就不忍离开父母，他的远大前程就会被耽误，他二十年的苦读就会付之东流。这在任何时代，任何一个家庭中都不是一件令人愉快的事情。

前面已经谈到过包令仪这个人，他是如何抛弃小包公的，当然那是民间传说，不足为凭，可问题好像不是那么简单。像包公这么一个大清官，有个模范父母——像岳飞的母亲那样，不是更好吗？如果他有一点好，人们就会给他吹成十分。这是一种常见的心理，希望心目中的英雄人物完美无瑕。可是在包公的身上，为什么没有这样的故事流传下来呢？

在包公外出做官这件事上，他父亲的表现不为人们所理解，根本就没有把儿子的前程、国家大事放在心上，人们找不到歌颂、传播这个人事迹的理由，而且对他这样做也颇有微词——这包老爷子可真是的，这么做不合适嘛。久而久之，传来传去，人们就把抛弃亲儿这种很不好的事情安在包令仪的头上了，会不会有这种情况发生呢？

儒家有个观念：“父慈”才可能“子孝”。孝应该是一种父子感情的双向互动，不能只讲一头的道理。只是在一般情况下，父母对子女的爱不需要特意提倡，人们大多都能做到，而子女对父母的爱，是容易被人们有意或无意忽略的，所以需要特别提倡，但这并不意味着对父母、长者一方完全不作要求。

包家的问题可能就出在这里：“子孝”这一方面做得非常出色，因为包公能够依照儒家思想严格要求自己，决不含糊，而“父慈”这方面就做得相对逊色一些。当然，目前还没有找到直接的证据，可是从史料留下的蛛丝马迹来分析，这种可能性又是难以排除的。

二、三年守孝历苦辛

就这样，春夏秋冬、暑去寒来，包公一直留在家里，尽心尽力，奉养双亲，一直到父母相继去世，又妥善地安葬了二老，然后，就在墓旁搭个草棚，独自住在里面，恭恭敬敬地守了三年孝。史称：“公居丧毁瘠甚，庐墓终制”（《包公墓志铭》），说他在守丧期间节衣缩食、心情非常悲苦，远近的人们都说：你们看，这位，可是个“墓旁孝子”啊！

守孝为什么要三年呢？这是我国古人传下来的一个规矩，儒家继承了这个传统，把它也列为孝子的一个行为规范。父母去世后，儿子要守三年的丧期。在这三年内，不得远离父母的坟茔，要穿孝服，吃粗糙的食物，住临时搭建的草棚，不能听音乐，流行歌曲更不行，以示怀念父母的养育之恩，表达自己内心的悲哀。

对这种看来有点“迂”的守孝，孔子的学生宰予曾表示反对，认为花费三年时间未免太长了，会耽误很多事情。对此，孔子的回答是："子生三年，然后免于父母之怀。"（《论语·阳货》）意思是，儿在父母的怀抱里被他们的双手日夜不离地捧着、抱着，三岁才离父母身，只有人间的至爱才能做到啊！做儿女的用三年时间为父母守孝，有什么不应该的呢？包公正是这样做的，丝毫不打折扣。

三年时间到了，包公还是住在那个破草棚里不愿意出来，如《宋史本传》所载："后数年，亲继亡，拯庐墓终丧，犹徘徊不忍去，里中父老数来劝勉。久之，赴调，知天长县。"是父老乡亲们硬把他拉出来的，但包公仍然留恋家乡，说自己做个乡间的教书先生就满足了。人们磨破嘴皮子劝他：你岁数也不小了，该出去做官了。慢慢地，包公想明白了，当初自己辞官是为了尽孝，如今孝心已尽，当是为国尽忠的时候了，这才接受了天长县令的职务，正式踏上了仕途。

按宋朝的制度，包公这次赴任属于辞官再做，叫"复仕"，有正当的理由，不必再通过考试了。这是景祐四年（1037）的事。这一年，包公整三十八岁。

为了尽孝，包公在家奉养父母七年，守了三年孝，加在一起整整十年。这十年时间应该说是他一生精力最旺盛的时期，眼见他的同科进士，一个个青云直上，有的已经身居高位了，像韩琦、文彦博等人，都做到了知州以上的职位。对这一切，包公视而不见，毫无怨言，十年如一，这可就不是人人都能做到的了。

上面提到的文彦博、韩琦，还有赵概、吴奎等人，都是包公的同科进士。尤其是文彦博，跟包公特别要好，是一生中最亲密的朋友，晚年的时候还结成儿女亲家。包公自己后来也做到了国家副宰相的级别。这几个人，都是出将入相几十年的人物，正是他们，二十年后亲手开创了历史上著名的“嘉祐盛世”。

读书中第是莘莘学子的梦想，一旦放弃，要承担多大的损失，谁都明白，一般人很难下这个决心，所以历代都有官员为自己的仕途不受影响而隐瞒服丧的事发生。不是有“书中自有黄金屋，书中自有颜如玉”的话么？不过，那是俗人的梦想，真正的读书人是有远大抱负和崇高的人生境界的，“铁肩担道义，妙手著文章”，这样的人对社会、有着更多的担当。包公就是这样一个人。包公也做到了。显然，包公尽孝绝不是沽名钓誉，而确实是出于自己的一片真心、诚心。

对包拯辞官尽孝的做法，与他同时代的人们是如何评价的呢？司马光在《涑水纪闻》中说：“进士及第，以亲老侍养，不仕宦且十年，人称其孝。”文学大家欧阳修评价：“（包公）少有孝行，闻于乡里，晚有直节，著在朝廷。”（《续资治通鉴长编》）说包公年轻的时候孝敬父母，后期敢于直言相谏，是个好官。可见他的“孝”在当时就已经名满天下了。

三、“孝”文化过时了吗

包公以孝为标准严格要求自己，也同样严格要求别人。后来包公当监察御史的时候曾经两次弹劾李淑就是例证。李淑身居高位，翰林学士，不顾家中老母，一味追求高官厚禄，“母年八十，别无侍子，在乎礼律，不合从政，而贪冒宠利，殊无忌惮”，包公要求皇帝对这个人“落其翰林学士，与一外任，或令侍养”，即免他翰林学士的职务，或让他回家赡养老娘。后来，李淑果然被仁宗免除了职务。

孝还是包公断案的一个重要标准，看人有无孝行、孝心，这叫“以孝断案”，是符合当时的法律规定的。元杂剧《包公三勘蝴蝶梦》里就记述了一个包公断案的故事：

开封府中牟县有个老汉，姓王，家有老妻王婆婆和三个儿子，父慈子孝，家庭美满。可是，出事了。这天，王老汉进城，走乏了，在路旁歇息，皇亲葛彪打此经过，说老汉不长眼睛，冲撞了他的马车，上来就打，三拳两脚，竟把王老汉活活打死，并扬言：“打死个人什么大不了的？随你们上哪儿告去。”

王婆婆带着三个儿子赶来，抚尸痛哭。那葛彪在外喝了几杯酒，回家路上，正撞见王老汉的三个儿子。仇人相见分外眼红，兄弟仨围上去一顿痛打，那葛彪也不禁打，竟给打死了，母子四人被抓进了开封府。

开封府尹正是包拯包大人。为什么叫“蝴蝶梦”呢？原来，在审这个案子之前，包公做了一个梦，梦见自己来到后花园，发现亭子上有一张蜘蛛网，花间飞来两只蝴蝶，落入网中，这时飞来一只大蝴蝶，把两只小蝴蝶从网中救了出去。不久，又飞来一只小蝴蝶，也落入网中，那大蝴蝶却看着不管了。别看包公是个粗黑壮汉，心却慈善得很，他出手把小蝴蝶救了下来。正在这时，衙役来报，说是中牟县发来一起弟兄三人打死皇亲的案子。

王家兄弟被押上大堂，王婆婆哭着跟在后面。包公问：“你们三个，是以谁为首打死葛彪的？”让包公没想到的是，兄弟三人异口同声说：“是我一人所为，与两兄弟无关。”包公发怒：“胡说，你也招认，他也招认，难道是串通好了，戏弄本官不成？”兄弟三人挨了包公一顿板子，可口供未改。包公说三人必得有一人偿命，这是国法，不得违反。谁来？“老大，你来吧。”

包公说完，细细观察王婆婆的反映。果然，老太太开始为儿子求情，说老大孝顺，自己离不开他照顾；包公说那就老二吧，王婆婆又跪拜求告，说老二会经营小店，一家人的生计离不了他。包公说那没别的办法了，老三！老太太左右为难，最后还是点头答应了。包公顿时沉下脸：“王婆，那老大、老二定是你亲生，而老三定是你收养来的，所以你才要他偿命，是也不是？”

王婆婆答：“包大人，他们三个都是我的孩子。老大、老二虽是我家老王前妻所生，可也是我一手养大；只有老三是我的亲儿，可我怎么能做狠心的继母呢？”说完，抱着老三，失声痛哭。

眼前发生的事让包公非常震惊，不由想起了刚才做的梦，分明是上天示兆，要自己解救这一家人，于是他想出一个偷梁换柱之计，以偷马贼赵顽驴来替代王母之子为葛彪偿命，解救了王家老三，让他们母子团聚。包公说：“为母者大贤，为子者至孝。”对这样的好人，怎能见死不救呢？那个倒霉鬼赵顽驴死得不冤枉。在宋代，偷马是死罪，因为马是战马，最重要的军事物资，跟现在理解的马不一样。

自古忠孝难以两全，而包公把这两者的关系处理得非常好，做到了忠孝两全其美。所以人们非常敬重包公，朝廷授予他“孝肃”的谥号。谥号就是古代人死后，朝廷往往根据他生前的事迹，用一个或褒或贬的称号给他来个“盖棺论定”。这就是谥法，所给予的称号就叫谥号。不过，也不是每个人都有谥号，要能得到官方认可的谥号，需有一定的地位或级别。“孝肃”就是包公身后的谥号，“孝”，表示包公是个极孝顺的人；“肃”，就是严肃。包公不爱笑，当时开封流传着包公“笑比黄河清”的说法。

今天，孝文化并没有过时。“养儿方知父母恩。”孝的文化种子沉淀进人们的日常生活之中，生活在这种文化之中，无法摆脱，也不能摆脱。今天仍然强调子女要赡养、敬爱父母，这不能认为是文化糟粕，而是中国传统文化的精华。在汉字里，“孝”字上面的部分表示“老”，下面是一个“子”，表示“子女”，合起来是一个典型的会意字—— 一个龙钟老人领着子女、子女陪伴、奉养老人，老幼生死相依。此情此景，不由让人想起白居易的著名诗句：“劝君莫打三春鸟，子在巢中待母归。”孝，难道不是人世间最美丽、最动人的情感吗？

“子欲养而亲不待”的意思是，孝敬父母不能等，必须及时。当我们年轻的时候，很难懂得；当我们懂得的时候，已经不再年轻。风烛残年的双亲，也许就在你不经意的某一天，当你为追求名利忙得晕头转向的时候，突然传来高堂辞世的噩耗。这时，儿女们才突然醒悟，自己还不曾向父母回报过什么。然而，事已晚矣。孝敬已成空想，回报父母的大概只剩下悲伤的泪水了。

所以，子女赡养、敬爱父母，不能认为是文化的糟粕，而应该永远是一个人必须具备的最起码的良知、立身处世的最基本的品德，是中华民族文化的精华。在这个问题上，今人确实应该向一千年以前的包公多学习。

现在，包公总算“出山”了，他辞别乡亲，走出小包村。此时的他，已年近四十，从年龄上说，包公早已不是什么“少年包青天”，而是中年人了。可是，从做官这方面说，包公无疑还是个“新秀”，而且他刚刚上任就遇到了一个离奇的案件。那么，包公是怎样了断他平生所遇到的第一个案件的。

第三章

牛舌疑案

包公平生破的第一个案子：牛舌疑案。案件发生时间：景祐四年（1037）；地点：天长县。

天长县在安徽的最东边，地处江淮之间，东临高邮湖，南边是长江，三面被江苏环抱，自然条件比较优越，人称“鱼米之乡”，经济比较发达。

“天长”这个名字是从何而来呢？据说跟唐玄宗李隆基有关系。《旧唐书》记载，唐玄宗的生日是八月初五，每年的这一天要过“千秋节”。天宝七年（748）“千秋节”的喜宴上，宰相李林甫奏：“皇上与贵妃娘娘的寿命应与天长一样长，‘千秋’只一千年太短。依老臣之见，‘千秋节’应改为‘天长节’，千秋县应改为天长县。”唐玄宗听了当然高兴，即降旨准奏。从此，“千秋县”就改为“天长县”了，以后沿用下来，现在叫天长市。

包公当年就是在这个地方开始他的官场生涯的。在天长，包公断过一个看似平淡无奇的案子，可是这个案子却被历史文献记录下来，一直流传到今天。那么，包公当年断的是个什么案子？为破案包公使了什么高招？

一、巧设圈套

包公上任不久，就遇到了一件蹊跷事儿。一天，有个农夫来县衙鸣冤告状，说自己的牛，舌头被贼人给割掉了，眼看将死，请求包大人为他做主，捉拿凶手。

包拯问："来者何人？"

"小人某某。"（史书上没记录原告的姓名）

包拯问："你来告状，有别人知道吗？"

"我没跟别人说过，应该不会有人知道。"

包公看着他，思索了片刻，说："附耳过来，我告诉你怎么办。"

包公对那人如此这般地耳语了几句，只见那人愣了一下，然后就磕头回去了。整个过程像是打哑谜。这纯粹是个无头案，告状的人连应该告谁都闹不清，包公能破这个案子吗？怎么破？他跟那人耳语，都说了些什么呢？

这案子有两个事实是明确的：

第一，牛舌被割，牛便不能吃草，活不了多长时间，就得饿死。可是，作案的动机是什么呢？一条牛舌，拿出去也卖不了几个钱，真的做贼，干脆把牛整个儿偷走不是更好吗？所以，案犯的目的恐怕不是偷牛，很可能是跟牛主有仇。偷割牛舌，是寻仇来了。既然是寻仇，就不会到此为止，因为作案者的目的还没有达到，他还会再次出现的。

第二，耕牛是农家最重要的生产工具，是国家管制的战略物资，朝廷专门制定了保护耕牛的法律，凡是私自宰杀耕牛者要承担法律责任。宋代有一部书叫《宋刑统》，是宋代的律典，上面规定，如果私自宰杀官府和私人牛马者，“决脊杖二十，随处配役一年放”。脊杖，就是用竹板击打人的脊背，很痛苦；配役，就是罚做苦役。要说，惩罚是够严重的。

在那个时代，刑侦技术还比较落后，破案过程更多地表现为官府与罪犯“斗智”的过程。罪犯既要达到目的，又要设法掩盖罪行，作案前必经周密策划，这就要求破案者有比他们更高的智慧，掌握高超的心理分析方法，正所谓“魔高一尺，道高一丈”。于是，心理战术就成了他们克敌制胜的主要法宝。而包公，我们很快就能看到，他正是一个打心理战的高手。

宋代人郑克写过一本《折狱龟鉴》，是一部案例汇编之类的书，上面说的都是断狱高手们如何打心理战，其中就提到了包公在天长县审的这个“牛舌案”，是个经典案例。

前面说，包公对原告耳语了一番，他说了些什么呢？包公告诉他："回去把耕牛杀了，然后卖掉，罪犯就会自投罗网。"就这两句话。

那人就差把所有的问号都写脑门子上了："大人，私宰耕牛可是要受罚的啊！"

包公说："不用怕，有本县为你做主。不过，你不要对别人说是我叫你杀的。"

那人一头雾水地走了，回到家里感觉仍不明就里，比较郁闷，不过还是照包公说的办，把牛杀了。果然，第二天就有个人跑进衙门：

"报告青天大老爷，某某无故宰杀耕牛，请大人将他缉拿归案，明正典刑！"说完，一张状纸递了上来。

包拯问道："你怎知他是无故宰杀耕牛？"

"小人亲眼得见。"

包公冷不防，"啪"地一拍惊堂木："大胆刁民！是你将张三家的牛舌头给割了，现在又来告发于他，是何居心？还不从实招来！"

那人一惊："不是小人割的。"

"还敢抵赖？来人，拖下去，重责四十大板！"

旁边的差役们全都蒙了！包大人今天是怎么了？还没问案就开打？ 只见来人浑身一震，被这瞬间而来的喝问吓得惊慌失措，竟然马上如实招供了：

“罢喽，老爷怎就知道是我割的牛舌？”

“怎么知道？你等的就是他宰牛犯法，好告刁状逞愿，是也不是？”

那人磕头如捣蒜，只是求饶：“得，这位青天大老爷也太神了，草民算是服了！确实是两家有仇，我割了他家牛舌，专等他宰牛，再告他犯法。是小人一时糊涂，犯了案子，还求大人开恩，小的愿意受罚。”

包拯道：“既然认罪，且从轻发落吧！责打二十大板，赔他一条同样的耕牛！”

那人无话可说，只好认了。疑案就此告破。这件事在《五朝名臣言行录》卷八中有确切记载：

> 包孝肃公知天长县，有诉盗割牛舌者，公使归屠其牛鬻之。既而有告私杀牛者，公曰：“何为割某家牛舌而又告之？”盗者惊伏。

案子断得如此迅速，如此精彩，消息一下子传遍了天长全县——地方本来就不大，新闻传播主要靠街头巷尾口口相传，时下人们议论纷纷：“可了不得了，来了个包大人，神断啊！”

二、“钩慝”玄机

《折狱龟鉴》上说，包公在天长县审这个“牛舌案”，用的是“钩慝（tè）之术”。“钩”就是上钩的钩；“慝”指奸贼，意思就是引蛇出洞，诱使罪犯落网。

这就是包公智破牛舌案的“诀窍”，玄机就在这“钩慝”二字上。

第一，对于案犯来说，如果他直接把牛杀了，等于是自己犯罪，牛主只是承担一些财产损失，结果仇没寻成，倒把自己搭了进去。案犯不傻，不会做这种得不偿失的事。既然案犯没有直接杀牛，那就是在有意要设一个圈套，引诱仇家杀牛。

第二，既然这牛得让牛主自己杀，案犯就采用了一个“损招”，把牛舌割了，牛没有了舌头会饿死。与其把耕牛拖瘦饿死，不如及早杀掉，还能吃肉，也可以卖掉换钱，这就可以促成牛主犯罪。案犯断定牛主是要杀牛的，只要他一动手，就构成犯罪，这时候就立即到官府告发，一告一个准儿。而此时，案犯也就“现身”了。

第三，如果前两点是成立的，那么就可以将计就计，主动让牛主先把牛杀了，然后等着，只要有上门告状来的，十有八九就是案犯。后来发生的事不出包公所料，那小子果然自投罗网。

可是，事情也不是那么简单。如果罪犯不上钩呢？这种可能性也是存在的。如果罪犯事先有准备，对包公“何为割某家牛舌而又告之”的讯问置之不理怎么办？因为这毕竟是个无头案，牛主当初告状的时候，既没有具体的指控对象，也没有提出任何证据，空着手就告了一状，按说包公都可以不受理这个案子，因为《宋刑统》卷二十四有一条规定：

诸告人罪，皆须明注年月，指陈实事，不得称疑。违者笞五十。

也就是说，光是怀疑别人没有证据是不能告状的。即使受理了，包公手里也没有任何证据，没证据怎么断案？怎么定罪？所以，这个案子完全是罪犯“惊伏”的情况下断定的，自己招供，证据于是就变得不那么重要了。同时也说明罪犯是个新手，缺乏经验。来告状，并不“理直气壮”，而是“提心吊胆”。如果他经受住包公的那一声喝问，事情的结果就会不同了。包公若还想审个水落石出，在没有证据的情况下，就只有一个选择：动刑——“大刑伺候”！可一头牛的案子能动多大的刑？这种情况下，案子还是审不下去，最后很可能不了了之。

钱钟书先生在《管锥编》里就说过：严刑之下，能忍痛者不吐实，不能忍痛者吐不实。

意思是，你打我，我要是能忍受住，那能不说就不说，因为说了就成了既定事实，再也无法改变，自己得承担法律责任。这样他的口供也未必就是真实可靠的。如果实在太痛苦无法忍受，那就容易屈打成招，招了也是假的，等于制造冤案。

可见，包公成功的诀窍，在于“出其不意”。既然是两家私仇，惯犯的可能性就不大，于是他果断地突然发问，在案犯还没有反应过来的时候已然“露馅儿”，后悔也来不及了。说一句俗话，包公这完全是“蒙事”，还真让“蒙”成了。所以，我们说包公是心理战高手。

按说，这个案子算不上什么大案、要案，换作别的官儿未必瞧得上，而包公为什么能认真对待呢？这也反映出包公的一种精神。对于一个农户来说，“一头耕牛，半份家业”，没了耕牛，怎么耕作？一家老小吃什么？耕牛对一个小农户来说，就是天大的事。包公是把百姓过日子的事当大事来办的，想方设法把公道找回来还给农户，不仅令案犯承担罪责，还得让他补偿受害者的损失，目的在保证小农能够正常地生产和生活。包公为什么受老百姓的爱戴？不只是因为他会断案，更是由于他把百姓的事放在心里。在当时那个社会，做官能做到这个境界，少之又少。

三、“遗帕案”的奥妙

《包公案》中，有一个“遗帕”的故事，跟上面的牛舌案有异曲同工之妙。说池州府有一富家公子，叫赵嘉宾，生性放浪无形。一日，路遇两个女子，非常漂亮，就起了歹意，上前调戏，被两女斥退。赵见事不成，约孙、李两狗友密谋，夜半劫色。

风高月黑之夜，三个贼人偷偷潜入女子居所附近，先让一个人在后山呐喊：“贼来啦！”（这就叫贼喊捉贼）众人惊醒，被喊声引诱到后门，另两个人从前门进入，掠得一女，携入山中轮奸。另一女因有事，傍晚未归，侥幸躲过一劫。混乱中，赵嘉宾的一方手帕遗落在现场。

待众人把受害女子救下，问：“认得那三人吗？”那女子道：“昏月之下认不真。”有人拾得白绫手帕一方，帕上有字：赵嘉宾，于是一纸诉状将他告到府衙。

包公升堂，喝问：“赵嘉宾，这是你的吗？”

赵抵赖：“小人三天前遗失此帕，况且我一人怎能既捉人又绑人？一定是有人诬陷于我。”

包公把疑犯暂时收监，然后私下叮嘱狱卒：“你们谨守监门，如果有人来看望赵嘉宾，就将其拿下见我。”

不多时，果然有两个人来到监狱探头探脑，守堂皂隶齐出，扭住二人，送到包公面前。

包公问明姓名，喝道："你二人同案，赵嘉宾已招供，正想派人去抓，你们却自己来了，来得好！说吧。"

那二人脸色立即大变："不是我们干的。"

"赵嘉宾说了，若没你二人相助，他一人做不得此事，快快从实招来！""啪"地惊堂木拍得震山响："若是不招，你俩的罪比赵嘉宾还要重！"

那二人吓得一个劲儿哆嗦。此刻，他们最想知道赵嘉宾招了还是没招，可是如今跟他又不相照面，说不是，不说也不行，支支吾吾之下，已然露了馅儿。

包公心里有数，不再理会他们，吩咐：带赵嘉宾！

赵被带上来，见那二人已被押起来了，缩在一边，心里立马就发慌了。包公喝道："分明是你这贼人犯案，我已审出，他二人系你同犯，都已招认，现在看你的了。不招？来人，大刑伺候！"

旁边那二人直想喊出来："千万别招啊，他那是诈你呢！"可又不敢喊。赵嘉宾见两位兄弟保持沉默，以为大势已去，又惧怕受刑，只得招认："别打，是小人干的。"

案子就这么破了。

包公破这个案子，手法也是非常奇妙的，妙处在于，这次包公手里虽然有证据，但是明显不足。只有一方手帕是定不了人家什么罪的，于是他利用潜逃在外的同伙不摸底、不放心的心理，断定他们会到监狱附近打探消息，就决定利用这个机会，把他们抓起来。

第一步很快实现了，现在三人都在手里，可是怎么才能拿到证据呢？证据，只能由案犯自己交代出来。于是，包公再一次运用“钩慝之术”，成功地解开了这个难题。

第一，不让他们见面，分头审讯，开始两边肯定都会否定自己的犯罪行为，但包公不急，跟两边都说：对方已经供认，你不招也没用。如果抵赖，凭已有的证据就能定你的罪，而且将面临更重的惩罚。这就给案犯造成了巨大的心理压力。

第二，案犯的最佳选择本来是两边都拒不承认，其实坚决不承认，包公他手里也没有更多的证据。可是由于信息不通，案犯双方都不知道对方是招了还是没招，这就使他们都陷入了一种困境当中无法摆脱：你不招别人可能招，别人招了对自己就非常不利，将面临比别人更重的惩罚。这样一来，对他们每个人来说，不论对方如何选择，自己的最佳选择都只能是一个——坦白。

案子处理到这个“火候”，自然就破了。

现代博弈论里有个“囚徒困境”的假设，是说两个处于隔离状态的犯罪嫌疑人，都担心对方检举自己的罪行，他们考虑最多的是自身利益的最大化。这时候，如果两方面都抵赖，结果是最好的，但这又是一种不可能的选择。因为谁都不愿意去冒险，都担心对方比自己先坦白。这种结果是在信息不对称的情况下的最优选择，没有比它更好的了。经济学家把这种状况的出现叫作“非合作博弈均衡”，这是一种陷入僵局的均衡。双方都采取不合作态度，人们首先想到的都是利己，但最后的结果不但没有利己，反而损害了整体的利益。

包公断的这个遗帕案，已经很有点博弈论的味道。不能不赞叹，包公，实在是一个天底下最聪明的人。

四、民间传说的可信处

善断疑案是包公的特色。在人们心目中，不管什么样难断的案子，只要到了包公的手上，都能准确无误的判断，好人冤枉不了，坏蛋跑不掉。所以千百年来，包公成了一个神探式的传奇人物，福尔摩斯未必比得上。

但是查阅史料，正史里记载包公断的案很少，寥寥几件而已，大量的是民间传闻、公案小说、戏曲剧本等等。一般认为，这些民间叙事性的包公故事差不多都是假的。胡适先生就曾经形容包公是个“箭垛”式的人物，就像诸葛亮的“草船借箭”，人们把许多跟包公不沾边的折狱故事像射箭一样射在包公的身上，使他看起来像个虚假的稻草人。对这种说法，直到目前为止，学术界没有太大的争议。难道包公断的那些案子都是假的么？

事实果真如此吗？包公一生处理的案子堆积如山，也都记录在档，它们早已遗失在历史的风尘里了。史官们不会搜集、保存这些资料，也不会把它们写进官修史书。但是，平头百姓们有自己的记忆，那些为人民做过好事的人是永远不会被忘记的。在人们心目中，传说、戏曲就是历史，它比任何“正史”都更能为人所相信、所接受。

其实，历史有多少是真，多少是假，谁说得清？任何历史记载都有偏见，即使是正史，也不过是历代史官精心“制作”出来的，里面的许多内容，既不必然“客观”，也不必然“真实”。

正是由于很难断定包公案的故事哪些是真，哪些是假，也就不能轻易断定它们统统跟包公无关。倒是民间传颂的包公故事可以肯定，有一部分是真实发生过的。

因为，第一，包公断案，数量极其庞大，在担任开封府尹的时候，每天都经手大量的案件，每月用秃的毛笔就有一小箱子，一年就得更换官印。这么多案子，其档案资料一般是不进入正史记载的。由于时代久远，这些档案资料早就遗失了，但包公断案如神的故事在民间还是通过口头流传下来一部分。关键是怎么对待这部分文化遗产。官方的正史不予记载，老百姓的口头流传又不信，那该信什么？要知道，太史公——司马迁写《史记》，还专门到民间去采风呢。对民间流传包公故事的真实性采取完全否定的态度，是不可取的。

第二，包公断的案子有很多是非常复杂的。开封府里聚集着大批皇亲国戚、豪门巨绅，树大根深，权势熏天，谁都不好惹，而且他们之间盘根错节，利害攸关，得罪一个就得罪一窝，处理起来极其棘手。

京官难当，古来如此。从现有史料来看，包公对这样的复杂局面完全能够应对自如，没出过什么大的纰漏，甚至没错断过一个案子。谁敢说包公在处理这些复杂离奇的案件过程中，没有遇到过皇亲国戚的阻挠、贪官污吏的破坏呢？谁敢说包公没碰上过陈世美、庞太师那类的人物呢？跟特权作斗争，正是包公的可贵之处，也是他被人们记住的最主要的原因。

第三，民间流传的包公案，是有深厚的现实生活为基础的，就是专家们也承认，几乎所有包公故事里的案件，都有真实包公的影子，并且跟现实生活中的包公在品质、性格等方面没有任何冲突之处，一致的地方很多很多。世代相承，人们口中传颂的包公形象竟然丝毫没有走样，这不能不说是中国文化史上的一大奇迹。元代人王揆说：“独恨方志不能传公行事，而海隅之民，户诵人咏，至于今称之。”（《包孝肃公祠记》）——地方志上不能记载包公的事迹，但至少到两百年以后的元代，他的很多真实的故事还在民间流传，可见包公这个人物影响之深远。流传下来的包公故事，大多是戏剧表演和说书人的功劳。可是这样一来，后人看到的包公，就大多是一些被艺术夸张了的形象了，而许多真实的历史资料，就那么消失在历史的风尘中了。这是非常令人遗憾和心痛的。

所以，研究包公，大可不必事事“坐实”，关键在于把握内在精神，追求一种历史考据性的“真实”和抽象意义的“真实”两者的统一。随着包公研究的逐步深入，在包公断案这个问题上，史学家们还会有新的进展。

第四章

端州清风

如果说包公是天下第一“清官”，恐怕不会有异议。时常有一些官员，在包公像前宣誓，说是要做新时代的包公，像他那样廉洁奉公、铁面无私。对这事儿，也有人表示反对，认为包公形象是封建时代的产物，现在已经过时了。那么，人们为什么把包公叫作“清官”？“清官”文化在今天还有没有现实意义？

一、客店题诗

当年，包公离开小包村，赴京城开封府听候调遣，路上住在一家小客店里。那天晚上，包公想着此去要为官一方，深感责任重大，思来想去，睡不着，干脆披衣起身，就在客店的墙壁上，题写了一首诗。古时候，特别是宋代，文人们在客店的墙壁上题诗很常见。《水浒》里边，宋江也在墙上题诗，只不过他题的诗是一首“反诗”。现在恐怕不成了，客人在人家旅店客房的墙上写字会被认为是在污染环境，弄不好还会被罚款的。

包公的诗是这么写的：

清心为治本，直道是身谋。秀干终成栋，精钢不作钩。仓充鼠雀喜，草尽狐兔愁。史册有遗训，无贻来者羞。

这是包公唯一一首传世诗作，很通俗，小学文化水平的人都能读懂，而且从这诗里可以体会到包公的性格——直来直去，不会拐弯抹角，不会憋出一股子酸劲来。

包公说：心清如水是做人的根本——一个人，心不能脏，不能黑；正道而行是为人处世的原则——别走邪门歪道，当心掉进阴沟里。树木生长得好才能成为栋梁之材，精纯的好钢不能被弯曲成钩；国库充实了，老鼠、麻雀也会高兴——生存有保障了，动物和人都是一样的道理。田地里荒草不生，狐狸、兔子也会发愁——没吃的嘛；前人留下的珍贵遗训我们应该牢牢记住，照着去做，不能让子孙后代骂我们——瞧那代人是怎么当官的？怎么尽出些贪官污吏啊？

这诗写得怎么样？看怎么说，若论文学水平，难说是上乘之作——唐诗宋词，里面的优秀作品多了去了。比较而言，包公这首诗显得朴实无华。但是，衡量一首诗的成就，不能只看它的文学价值，最重要的是看它的思想立意，看它达到了一个什么样的精神境界。以这样的标准来衡量，包公这首诗就是一首好诗。

包公一生，就是按照这首诗严格要求自己的，刚正不阿，言行一致，上报社稷国家，下安黎民百姓，专门跟贪官污吏“过不去”，终于铸就了一个扬名千载的杰出人物——“包青天”。

他还可能写过其他一些诗作，毕竟他也是进士出身，诗文应该是一流的，可是都失传了。唯有这首诗，被人们世代传诵，一直到今天，官员们拿过来还是可以当座右铭用，把它印在公务员手册上，一点都不过时。

二、过宰相门而不入

据说包公到京城，听候差遣。那时候百官上早朝，要先在朝房内登记注册、等候，时辰到了，自有人领着进皇宫大院。

可巧，宰相吕夷简在翻阅花名册时，一眼看到了包拯的名字，心想这家伙来了，名气不小，得见见。

一个是国之宰相，一个是初出茅庐的芝麻官，吕夷简怎么会认识包公？原来，包公在家十年尽孝，美名远扬，谁人不知庐州府有个大孝子包拯？人们差不多把他当成“五讲四美”标兵了，吕宰相怎么会不知道他的大名？

再看他住哪个“酒店”——同里巷，哦，“三星级”，酒店一般，可是离自己的官邸很近。一定是想拜见自己这位相爷，才就近下榻的。等着吧。可是等来等去，没听到包公来访的消息。过了几天，吕相爷沉不住气了，问左右：那姓包的哪儿去了，怎么没见人来？答曰：前几天他就离开京城，到天长县上任去了。这下吕相爷可吃惊不小，还真有过宰相府门前不拜的？

这件事，在史料上是这样记载的：

> 吕许公夷简闻包拯之才，欲见之。一日待漏院，见班次有包拯名，颇喜；及归，又问知居同里巷，意以拯欲便于求见。无几，报拯朝辞，乃就部注一知县而出，尤奇之。［（宋）赵善璙：《自警编》］

此时吕国相被封为许国公，任同中书门下平章事，也就是宰相。“待漏”，是古时候计时的工具，指的是皇宫的滴漏到一定时间开始上朝。据说，吕相爷为这事吃不下、睡不香，连着郁闷了好几天；也有的说吕国相被包公的精神所感动，马上派人把他追回来，举荐他升官，委以重任。《自警编》取的是后一种说法。不过，包公并没有马上就升官，他还是到天长当县令去了。

三、整顿砚政

北宋时候对一县之长的要求还是挺高的，首先要有学历，不是“博士”，起码也得是“硕士”——当时是经科举考试获得进士出身。这是要求官员要有一定的文化基础，“大老粗”不行。还要看你的政绩、品德，每年都要考核。考核合格的升官，不合格的原地待着。有人就一辈子当县令再也升不上去，甚至被弹劾连县令也当不成。

包公在天长县三年整，一任期满，政绩考核得了个 100 分满分，很出色。朝廷马上派人来接替，把他调回开封。仁宗康定元年，也就是公元 1040 年，他被派去端州。这回他是真的升官了，从一个县级干部晋升为地级市的市长了。

端州，就是今天的肇庆，离广州很近，“珠三角之内”，现在很发达了，但北宋的时候不行，典型的“穷乡僻壤”。与中原之间隔着五岭，交通不畅，语言不通，谁也听不懂谁。夏天非常热，疾病很容易流行。当时只有被判了刑的犯人，或被贬的官员才被“发配”到这里来。官员们都怕来端州，能躲就躲了。

朝廷为什么派包公去端州呢？主要还是那里治理难度大，需要有能力的人来担当，同时也观察他一下，看他究竟是不是一个“大才”。

包公领命，打点行装，随行就带了家人包兴，乘一叶扁舟，直奔端州而来。

在端州，包公有一段非凡的经历，跟文房四宝中的砚有关。

端州出的砚，特别有名，中国四大名砚之首。端砚好在哪里？有人形容："与墨相受，如忘其石；与手相合，如忘其力。"用它来研墨，你会忘记了它原是块石头；把它握在手里，你会感觉像握着一方丝绸。如此端砚，堪称一绝！文人墨客得之，如获至宝，终生爱不释手，死后还要把它带进棺材里陪葬——有一天想写个字什么的，手边得有用的啊。要用，还得用端砚。

好东西，得来就不易。端砚的原料——砚石产自岩洞里，常年泡在水下，砚工要钻进岩洞，攀岩涉水开采，工程十分不易。唐代诗人李贺有"端州石工巧如神，踏天磨刀割紫云"的诗句。意思是说：砚工们攀登在岩石高处，凿取紫色的岩石，用来制砚。

也正因为东西好，琢磨它的人也就多了。最好、最漂亮的端砚，当然得归皇上了。于是每年要选出来五十方（个），作为贡品。可好处也不能都皇上一人得了，也得有当官的一份儿。贪官污吏用它贿赂上司，以求加官晋爵。《宋史本传》记载："端土产砚，前守缘贡，率取数十倍以遗权贵。"是说包公的前任以收取贡品的名义，常常数十倍地索取。砚工们被剥削得很惨，生活苦不堪言。

包公到任后，马上就发现了端砚上的问题，下决心大力整治：

第一，下令砚工只需按照朝廷规定的数额上交贡砚，“拯命制者才足贡数。”(《宋史本传》)此外的一切索取，都可以不交。谁来要都不给，谁要是欺压你们，告诉我，有本县为你做主。同时以身作则，严格要求自己和手下，不向砚工索取一方端砚。然后，他提笔给仁宗皇帝写了一道奏折，力陈端州砚工之苦，恳请减少贡砚数量。那些日子，人们常常见到包公一个人站在西江岸边，北望中原。大家知道，包公是在等候开封那边的回音。

仁宗的圣旨是数月之后到的，以当时那种交通条件，按说不慢啊，不像现在一个电话，或发一个电子邮件就办了。那时候就是骑马，通过驿站传递，很苦，也很慢。

仁宗皇帝是怎么答复的呢？准奏！将每年贡砚五十方减为十方。包公接旨，大喜！马上令手下人广为张贴榜文，把喜讯告知端州百姓。人们高兴啊，纷纷奔走相告——真的减了？真的减啦！摊上包公这样的好官，是咱小民的福分啊！

四、凿井引水

端州紧靠西、北两江，居民用水，不管干什么，都是取自同一条江，常常是上游洗澡，下游淘米，很不卫生。逢洪水暴涨，江水混浊，含沙量很高，根本不能饮用。所以当地“瘴疠”（一种流行病）肆虐，唐朝时就有“南海波涛壮，西江瘴疠多”的诗句，饮水不当，这是当地的老问题了。

包公也在想办法，用井水不是很好吗？不过当地人没打过井，缺乏经验。包公小时候在家乡看过人家打井，就先做了个试验，地点就选在府衙里头。众人忙活，包公在旁边指点着，结果竟然很顺利就打出了一口井，见水了。

包公端着一碗刚打上来的水递给身边的人：“尝尝，怎么样？”那人饮过之后说：“顶呱呱啊！”于是，马上下令推广，动员人力日夜打井，又接连打出了六口井。这下百姓饮水方便多了——谁还愿意跑到江边去挑水？也干净多了——饮井水而瘴疠除，人们的健康状况立时改善了许多。

据说，这七口井中水质最好的，还是包公亲自指挥打的府衙里的那口井，而且这口井一直到上个世纪80年代还出水，还可以饮用。人们饮水思源，将这些井命名为“包公井”。

清朝大诗人全祖望写了一首诗：“去公七百年，甘棠尚成阴，端人指七井，流泽洌以深。”后人赋诗，歌颂包公的恩泽，历七百年而不衰。去肇庆旅游，可到城西的三联巷去寻访包公井，遗迹尚在。

另外，包公还在端州兴办教育，设立了当地的第一所学校，题校名曰“星岩书院”。历史上，这个星岩书院是广东四大书院之一。现如今，不妨把肇庆的一所图书馆或者学校的名字改一改，仍叫“星岩书院”，多好听的名字，多悠久的历史，多有纪念意义！

五、游岩题字

包公在端州还经历过这么一件事：公元1042年，那一年的春天，包公曾与两位同僚一起到端州名胜七星岩游览。怎么能证明他们去过？有石刻为证——现在还依稀可见包公留下的手迹：某某和某某，加上我老包，到此一游。

不过，这次旅游并不那么浪漫，后面还有个鲜为人知的故事。与包公同游七星岩的这两个官员是何许人也。石刻的原文是这么写的：

> 提点刑狱周湛、同提点刑狱钱聿、知郡事包拯同至。庆历二年三月初九日题。（《肇庆文物志》）

提点刑狱是什么官？它是“路”一级（相当于今天的省）的司法监察官，主要负责督察、审核所辖州县官府审理的案件，看断案对不对，有没有冤假错案等等，同时也负责监察地方官吏，权力不小。

提点刑狱是只有宋代才有的一种官职，简称提刑官，不是有部电视剧叫《大宋提刑官》么？“提点”就是负责、主管的意思。前面加个“同”字，是副手的意思，一般由武官担任。

这两个人，从职务上说是包公的上级。史书上记载，周湛这个人比较正派，年纪也比包公大，两人也互有好感。另一个人是周湛的副手钱聿，同提点刑狱，是一位武官。对这个人，包公一无所知。

包公在与这两个官儿交谈时，提出了同游嵩台山的邀请，他俩也高兴地答应了，然后就结束谈话把他们送出来了，让差役陪他俩到驿馆歇息，晚上也没设宴请人家。周湛倒没说什么，钱聿不高兴了，说咱俩从广州来，一路车马劳顿，他可倒好，连饭也不请一顿，太邪门了！

周湛说：这你就不知道了，这就是包黑子的风格，从来不用公款宴请同僚，就是上司到了也不破例，这次能主动请我们游嵩台山，已经是好大的面子了！

嵩台山和七星岩是同一个地方，七星岩的名字是明朝万历年间有个端州知府，发现嵩台山的七座山峰排列，犹如天上的七斗星座，才将这里取名为七星岩。

第二天一早，三人轻车简从，同游嵩台山。广东的三月，现在说就是四月份，南国春色浓，这趟游览一定是很轻松的。一路上三个人都谈了些什么，已经弄不清了。不过，以包公的脾气性格，他一定会跟这两个人大谈公事，比如端州发展的远景，那两位官员是怎么回答的？路上会不会跟那位钱武官发生过口角冲突？这一切都不得而知，没有任何史料记载下来。

不过，三个人看来相处得还算和谐。嵩台山有个洞，洞里的石壁上留下了很多前人的题字。这三个人一时兴起，也要在这面石壁上留言，于是就有了“到此一游”的题字，然后令石工镌刻在石壁上，保存下来。

包公的职位最低，怎么是由他来题字呢？按当今的习惯，应该是谁官大谁题字，下级官员一般在旁边陪着，还要说些“字写得真棒”之类的话。据分析：

一是当时还没有职务最高的官员写了别人就不能署名的习惯，下级也可以同时署名，上级官员一般不会有什么异议。

二是包公当时领着一个“大理寺丞”的朝官衔，当在从六品上下，而周湛最高不过从五品，在级别上没有明显的上下之分。

三是包公作为一州知府，尽地主之谊，引两位上级官员参观，同时具名也理所应当。

四是这三个人里边，钱聿是个武官，而周、包二人都是进士出身，在他二人面前去题字，岂不是“班门弄斧”？他自己也会知趣避开的。周湛这个人比较随和，《宋史》上说他“为人脱易，少威仪”。意思是说这人比较散漫，没有什么架子，当官这么多年，从没留下什么题字。而包公，则是个出了名的书法家。他的作品被收入《群玉堂帖》。这是中国著名的法帖之一，由南宋韩侂胄摹刻而成，收有宋代名贤苏轼、黄庭坚等人的精品。面对名副其实的书法家，周湛也只能“让贤”了。

游览完毕，送走了两位官员，包公回到府衙，一个人站在堂上，凝神沉思。此刻，四周万籁无声，一钩新月跃上中天。包公想到，过不了多久，自己就要离开端州了，此去京城开封四千九百三十五里，往后能不能回到端州来不大好说了。不知自己的后任是个什么样的人，他日如果再来个只知道搜刮百姓的狗官，端州的百姓岂不又得遭殃？或是一个平庸之辈不会治理，自己苦心经营的事业不是全要泡汤？想到这些，包公心里越发不安，于是掌灯执笔，给皇上写了一份奏章——《请选广南知州》。《包拯集》就收录了这篇文章。

六、羚峡掷砚

也就是在这一年，包公被朝廷召唤，任命他为监察御史，择日赴任。公文就是周湛、钱聿给他带来的。

包公深得民众拥护和爱戴，当他离任要告别端州的时候，端州父老依依不舍，有很多人自发地为他送行，码头上人山人海。当地人感念他的恩德，精心制作了一方宝砚，知道包公必不会收，就用黄布包裹好，趁送行的机会，偷偷塞在他的书箱子里带上了船。

船开了。包公站在船头挥手跟端州父老告别。

此时此刻，包公一定是很激动的。端州，他来的时候什么样？现在又是什么样？他把自己的情感浸透在这块土地上了。日后，他曾说："果为国，岂不以爱民为心哉！"（《论恩赦不及下》）在他看来，当官就是为民做主，否则就不要做官，这是包公一生为之奋斗的心愿。

民间流传着这样一个故事：当年，包公的官船驶到江心，突然天色大变，电闪雷鸣，狂风大作，小船晃晃悠悠，有倾覆的危险。包公起身看了看，沉声问道："是谁把端州砚带到了船上？包兴，是你吗？"包兴赶忙把收藏的砚台拿出来，包公接过来看着，那是一块极为珍贵的端砚，上面刻着"敬奉包拯大人。端州百姓跪送"的字样。

包公抚摸着这方珍贵的端砚，十分感慨，周围的人也都静默不语。就在这时，意想不到的事情发生了。只见包公一扬手，把那块砚台连同黄布，一起投掷到江里。大家惊呼了一声，心想这么好的东西老爷怎么说扔就扔了？辛苦了三年，拿它块砚台算得了什么？不就是一"办公用品"嘛？

还没等大家反应过来，接下来发生的事让人目瞪口呆——刚才还狂风肆虐的天气，立时风平浪静，云开日出。

不久，在包公江心掷砚的地方——羚羊峡一带，出现了一个小岛绿洲，当地人给它起了个名儿，叫"砚洲"；那块黄布变作一块黄沙滩，起名叫"黄布沙"，一个"包公掷砚成洲"的典故流传至今。

当然，典故带有神话色彩，不过，包公清正廉明，拒收端砚是确有其事的。《宋史本传》记载，包公知端州三年，“岁满不持一砚归”。后人在清理包公墓时，墓室中还真发现了一方砚台，只不过那是一方非常普通的砚台，不是端砚。这就证实了历史记载是有根据的。

凡出色的书法家，大都视文房四宝如命。得一方宝砚，会欣喜若狂的。北宋名家王安石、苏东坡都曾经拿出自己收藏的端砚请别人鉴赏——看看，怎么样？包公如此热爱书法，在端州又被名砚包围着，却从未私取一方，应该说是非常不易的。

明万历年间有个叫戴熺的人出任端州太守，他写道：“江上有公投砚处，每过辄停桡徘徊，不忍去者久之。”（《端州刻本孝肃包公奏议序跋》）包公的精神，感动了多少后人！

当年，来端州的时候，包公轻装简从、两袖清风，身边只带着一个家人；三年后，当他离开端州的时候，依然是两袖清风。在人们的心目中，他走到哪里，哪里就云开日现，朗朗青天。于是，人们就把包公比作“青天”。“包青天”的美名最早就是从这儿来的。

端州的清风伴随了包公一生，他以自己的行动，告诉天下人，这世上除了赃官，还有清官。

汉字里的“清”字，本意是清澈的水，引申出纯洁、清廉的意思。不管以什么标准衡量，包公都符合“清”的标准，所有的戏剧小说，无论怎么演绎，都没有改变包公的这个基本特征。

从包公身上，可以懂得一个道理：清官，贵在一个“清”字，清正、清明、清廉。如此，他才能得到人们的信任、爱戴，才没有在腐败盛行的官场上被淹没、被污染。不清者不能为官，包公的这种精神是中华民族宝贵的精神财富，任何时候都不会过时。

走出端州，包公的清名也随之流传开了，传到皇帝的耳朵里，皇上也为大宋能有这样的栋梁之才而高兴，很快，包公便成为一名朝廷重臣。这以后，包公又经历了很多事。他曾经卷入一场宫廷内部的政治事件，还为此断过一个奇案——《真假皇子》。

第五章

真假皇子

一、“皇子”上街

北宋仁宗皇祐二年（1050），这一年的四月，东京汴梁发生了一个惊天大案。有一个青年姓冷名青，自称皇子，来到京城，要进宫面君，认祖归宗。小伙子长得漂亮，俊朗面容，高挑身材，是个标准的帅哥。与冷青随行的是一个胖大和尚，名叫全大道。

皇子？眼下皇上缺的就是皇子，大家不免疑惑，真的假的？别是在这蒙事吧？

全大道在旁边解释：冷青其母原是宫女，曾得皇上临幸，身怀有孕后被遣散回家，不久就生了他，还拿出一块御赐龙凤绣抱肚给大家看，这就是证据！说得有鼻子有眼儿。

什么是“龙凤绣抱肚”？抱肚，就是兜肚，是古人穿的一种内衣。穿着舒适，含而不露，非常富有想象力。女性的抱肚尤其漂亮，上面绣着图案，有精致的镶边，一般色彩比较鲜艳。

冷青拿出的这个抱肚上面绣的是龙凤图案，当时只有皇家才可以使用，拿它当物证，还真叫人不能不信。寻常百姓家谁能有，谁敢用这个东西？

在汴京大街上大呼小叫说自己是皇上的儿子，这事儿可太大了，如同引爆了一颗“人体炸弹”，立刻就产生了轰动效应。《续资治通鉴长编》记载：“医家子冷青自称皇子，言其母常得幸掖廷，有娠而出，生青。都市聚观。”那时候没有广播、电视，人们传递消息就凭一张嘴，街头巷尾、酒楼茶馆，沸沸扬扬都在谈论此事，直闹了个满城风雨，可到底是真是假，谁也闹不清。

二、明逸出丑

冷青、全大道的行为很快引起了开封府尹钱明逸的注意，钱下令把这一老一少抓了起来，接着发生了更为蹊跷的一幕。

冷青进了衙门，并不害怕，见钱明逸稳坐在大堂上，突然大喝一声：“明逸安得不起！”（《续资治通鉴长编》）俨然是正宗皇太子的架势。钱明逸大吃一惊，稳了稳神儿，问道：“你是何人？敢在本府面前放肆？”没想到冷青又断喝一声，震得他耳朵嗡嗡响："大胆钱明逸，我乃当今皇太子，你目无嗣君，该当何罪？"

大概确实是被镇住了，钱明逸竟然就非常听话地站了起来。《续资治通鉴长编》是这样记载的："明逸捕得入府，叱明逸曰：'明逸安得不起！'明逸为起。"

还有一种说法更可笑，是说钱明逸稀里糊涂地站了起来，然后又懵懵懂懂地坐下了，睁大眼睛看着眼前的"皇子"："你……"

"面对嗣君，敢以你相称！"冷青显得非常恼怒："本殿不想再见到你，还不快快退下！"

钱明逸被冷青的怒喝声吓得胆战心惊，一时昏了头，转身就往后面跑。手下的推官韩绛见这位审案的官儿跑了，心想这成何体统？紧随其后，想把他追回来。三追两追，竟然没追上。钱大人跑得也真够快！

这钱明逸何许人也？怎会如此狼狈不堪？

提起这个钱明逸，不由得让人想起范仲淹的"庆历新政"。当年钱明逸站在守旧派一边，让别人当枪使，攻击老范结党营私，扰乱朝纲。这帮人闹腾的结果，是新政全面失败。钱明逸是个地地道道的小人，满脑子就是升官发财，并无真才实学。这种人在官场上从来就不少见，如今在冷青面前失态，绝非偶然。

消息很快传进了皇宫，仁宗皇帝听到奏报，惊得差点从龙椅上跌下来——满世界传言，说他有个私生子在外头漂着，这还得了？于是令钱明逸严加审讯。

钱明逸却不愿意管这事：冷青若是真皇子，自己也得不了多少好处，可如果弄假成真，自己的罪过可就大了。如今皇上发话了，没办法，硬着头皮也得审。可是审来审去，这案子让他审成了一团糨糊。冷青仍坚持自己是皇子，还大闹公堂，骂钱明逸对他无礼。钱明逸恼羞成怒，威胁要动刑，冷青就语言癫狂，发起疯来，在大堂上爬来爬去，很不像样子。

钱明逸被他弄了个束手无策，越审就越发吃不准，这家伙到底是真是假。让他拿出更多的证据，他没有；说他是个冒牌货，那就得按大逆定罪，要杀头，钱明逸又不敢——万一将来证明是真的，皇上怪罪下来，自己长着几个脑袋？可眼下冷青说的，都是些疯话：皇上是我老爹，我老娘是跟皇上酒后同房生下我之类的话，这些话又不能向皇上如实禀报。不管是真是假，这都是皇家的秘密，不是我这号人该知道的，况且冷青所言不会都是假话，等将来皇上了解了内情，回过头来就得收拾我，轻饶不了我。

钱明逸越想越害怕，好几个晚上没睡好觉，最后琢磨出一个招儿：给冷青定了个精神失常、狂人无状、扰乱社会秩序之罪，判遣送汝州，也就是今天的河南临汝一带。他的意思是，审不了我不审，推出去算了。

按《续资治通鉴长编》的说法，是冷青“既而以为狂，送汝州编管”。

可钱明逸还是把事儿想简单了，在他手里，案子实际上没有破，一大堆疑团没有解开，朝野上下仍然议论纷纷，这个时候就想逃避责任，哪有那么容易的事？开封府内部自己意见就不一致。他的下属韩绛上书参了他一本：“青留外惑众，非所宜。”（《续资治通鉴长编》）意思是钱明逸处置不当，把冷青流放在外会造成非常恶劣的影响。作为钱明逸的手下，他本不好对顶头上司说三道四，为什么还要说呢？显然，在他看来，这位钱大人的表现实在是太差了，可以说是愚蠢，就这么传将出去，丢的是开封府的人，实在让人看不下去。

韩绛是个聪明人，后来，果然在官场上有一番作为。

当时还有人建议把冷青流放得再远点，弄到南方去，远离京师，省得让这事扰乱民心。翰林学士赵概认为这样做也不妥：“青言不妄，不当流；若诈，不当不诛。”（《续资治通鉴长编》）

意思是，如果冷青说的属实，真的是皇子，那就根本不应该流放；但如果他是在诈骗，那就不只是流放的罪过了。所以应该继续追查下去，直到水落石出。

宋仁宗是什么态度呢？他的态度有点暧昧：要是把假儿子当了真儿子，大宋江山还姓“赵”吗？那会出大乱子的；可要是把真儿子当假儿子，也不行，犯这案子，是杀头大罪，肯定得判死刑。万一断案失误，把自己的亲生儿子给杀了，将来自己连肠子都得悔青了——自己最缺的，就是儿子啊，弄得长久以来，东宫虚位，皇位继承人没个着落。所以，当务之急是破案，把实情弄清楚，这究竟是怎么回事。

那么，应当由谁来侦破此案最能胜任呢？仁宗环顾四下里的大臣们，最后把目光定格在天章阁待制包拯、翰林学士赵概这两个人的身上。

三、老包出山

满朝文武，宋仁宗为何单单选中包、赵二人呢？为什么要同时用两个人合作破案呢？说起来，这里面大有讲究。

第一，包公善断案，朝野驰名。在地方时断了一大批案子，竟然没出过错，没冤枉过一个人，人称其奇。把这个复杂的案子交给他，让人放心，大臣里没有比他更合适的人选了。

包公这年初刚刚被提拔为天章阁待制、知谏院。天章阁待制是个虚衔，地位不算低却没多少实权。元杂剧里管包公叫“包待制”，就是这么来的。知谏院就是兼任谏官。

按《大唐六典》上的说法，谏官的职责是“直言君主过失”，就是监督皇帝。在宋代，谏官的职能有所变化，转向监察、弹劾百官，跟御史有合一的趋势。所以谏官对朝政有很大的发言权。老包如今刚刚接到任命来谏院报到，屁股还没坐稳，就遇到了这个大案。

民间传言，老包一出山，没有破不了的案子。宋仁宗极为重视冷青案，自然会选择办案能力最强的老包具体经办，只有他才能胜任。

第二，此案干系重大。如果是真的，这个人可能就是未来的皇位继承人；如果是假的，也必须保证皇室自身不因流言传播而受到伤害。这就需要找一个办事稳妥、诚实可靠的人，配合包公办案，同时严格监控整个破案过程，并高度保密，不能出任何差错。这个人只有赵概最合适。

赵概在宋朝也是个响当当的人物。他曾与欧阳修一起编修皇上的《起居注》。赵概性情敦厚持重，沉默寡言，而欧阳修才华横溢，不大瞧得起他。也正因为此，欧阳修以其缺乏文采为由，贬了赵概的官。赵概这人很有涵养，没说什么。后来欧阳修遭人陷害，没有人敢为他说话，只有赵概上书，规劝皇上不要听信谗言。赵概的请求没有被采纳，欧阳修还是被贬了官，赵概就再次上书，要求为欧阳修恢复职务。欧阳修知道这一切后，很是感动，原来这位赵先生是位德高望重的长者，自己反倒成了小人。两人握手言和，从此成为莫逆之交。

用这样一个人来协助包公办案，自然是最合适的人选。

第三，包公和赵概两人同是天圣五年的甲科进士，互称“同年”，关系融洽，合作起来没有问题。包公善于断案，赵概忠厚老实，而且两人都是著名的清官，做事不含私心，清廉、正直，是他俩共有的品质。他俩合作，珠联璧合，能得到朝野上下的信任，是最理想的搭档。

应该说，仁宗慧眼识人，选的人一点也不错。

于是，宋仁宗连夜招包拯、赵概入宫，要求他俩联手，速速查明冷青案。

包公和赵概接旨，知此事非同小可，连夜组成专案组，布置破案工作。

这一回，“神探”包公将会有怎样精彩的表现呢？

四、水落石出

冷青案破起来难度确实很大，而且难就难在仁宗自己身上。自从当上皇帝，他就希望早生皇子，好后继有人，可一直未能如愿。虽然有过三个儿子，却没有一个活过三岁。皇上没儿子可是天大的事，仁宗心里怎能不急？没别的办法，只得继续“努力”。后宫佳丽，妃嫔宫女，曾得仁宗临幸者不计其数。每临幸一次，仁宗就赐给龙凤绣抱肚一个。

可问题随着来了，皇上临幸的宫女实在太多，照应不过来，中间又几经变故，多次遣散过宫女。这些被临幸过又被遣散的宫女在外边生过孩子没有？生了多少？是男是女？仁宗自己也是一本糊涂账。比如这个冷青，说是自己的亲生儿子，是真还是假，仁宗自己也说不清楚。

冷青的母亲是不是被遣散的宫女？那个龙凤绣抱肚是不是皇上亲手所赐？怀孕、生产的日子是否对得上？冷青究竟是不是“龙种”？一连串的疑惑困扰着包公。要查明真相，应当从何入手呢？

那一夜，包公秉烛夜战，熬了个双眼通红。第二天一早，包公把助手叫来，如此这般耳语了一番，把他派出去了。接着，老包又细细查阅档案文献，各方面的信息迅速汇集到包公手里，侦破工作有条不紊地开展起来。

不得不承认，包公不愧是破案高手，仅几天工夫，线索就渐渐清晰明朗，然后顺藤摸瓜，案情真相很快就大白于天下。

这个惊天大案，究竟是怎么回事呢？

《续资治通鉴长编》上有记载：

> 盖其母王氏尝执役宫禁，禁中火，出之。嫁民冷绪者，始生女，后生青。……（青）漂泊庐山，数为人言己实帝子。故浮屠号全大道者，挟之入京师，欲自言阙下。

原来，冷青之母确是一名宫女，在后宫服侍，所以对宫里的事比较熟悉，被皇上临幸后，因为宫中失火，被放出宫，嫁给了一个叫冷绪的人为妻，几年后生了个男孩，这男孩就是冷青。冷青自幼不愿读书，整日东游西逛，一天去庐山的路上遇到和尚全大道。全大道把他领到山上，收养了他。

全大道为什么愿意收留冷青呢？原来，全大道表面上是个和尚，实际上却是个行走江湖多年的行骗之人。在与冷青的交谈中，全大道得知其母原是个宫女，“职业”的敏感使他立刻意识到，这是个难得的机会。出宫的宫女——皇位继承人，把这两件事联系起来，大有文章可做。此前，他已经得到一个重要的信息，说眼下宫里正在为皇位继承人而着急，仁宗几次到兴国寺秘密参拜，据说都是为了祈祷早生皇子。

如果把冷青调教一番，让他以仁宗亲生儿子的身份进宫，只要骗过皇上，冷青就可能被立为太子，以后继位当了皇上，自己可就名利双收了。全大道越想越兴奋，折腾了一夜没睡着，一个阴谋在他脑子里逐渐成形。这个计划要分几步走：

第一，要对冷青进行全方位训练，让他起码看起来像个皇子。好在这小伙子仪表堂堂，如玉树临风，是块好材料，再教给他一些宫廷礼仪、官场规矩之类的知识，一个假皇子就差不多塑造成功了。

第二，进京城后，先要设法进宫，面见皇上。这一步非常关键，而皇上为了核实冷青的身份，有可能召见冷青的母亲，事情就算成功了一半。因为这个曾被皇上宠幸的宫女是货真价实的，如今风韵犹存，如果能勾起皇上的旧情，事儿就成了。这是最好的结果。

第三，如果进宫困难，见不到皇上，那就实施第二套方案：在开封的大街上散布谣言，把冷青是皇子的信息传播出去，让更多的人知道。当信息传进宫中，肯定会引起皇上的注意。盼子心切的仁宗皇帝必定派人来核实冷青的身份，也有可能亲自验证。那时候没有 DNA 检测技术，只要日子算着差不多，皇上瞧着冷青长得有点像自己，同样可以达到目的。

第四，如果事情被人揭穿，或被严重怀疑，那就必须设法脱身。可以让冷青伪装成精神病人，装疯卖傻，让人觉得不过是场闹剧而已，不再较真。这个结局虽不大理想，但至少可以保证自己和冷青免受牢狱甚至断头之灾，弄好了可以全身而退。

假冒皇子，可是杀头大罪，要冒极大的风险，这个道理全大道不会不懂。可事情一旦成功，就能成为人上人，享不尽的荣华富贵在等着自己，这个前景实在太有吸引力了！让人怎能不动心？经过一番思想斗争，全大道决定还是干。又经过一番精心准备之后，两个人结伴下山，潜入东京，计划进入实施阶段。

入京后，他们很快发现，皇宫深宅大院，戒备森严，根本无法靠近，只能启动第二套方案，在大街上散布流言，目的在于惊动官府。这一步进行得还是比较顺利的，两人满大街地走，人们碰到这等新闻还不得听听？于是纷纷驻足聆听他们的“讲演”，轰动效应迅速产生，很快被开封府注意到，被钱明逸请进了衙门。由于冷青表演出色，傻乎乎的钱明逸被镇住，而且也很快就把信息带进宫，让仁宗在第一时间知道了此事。

一切似乎都在按计划进行，但由于拿不出更充分的证据，或是仁宗皇帝在这中间曾经暗中观察过冷青，觉得冷青不大像自己的儿子（历史上是有这个说法的），后面的事又变得不大顺利了，到最后连钱明逸也不大相信冷青是真皇子了，开始恶语相向，这就出现了危机。

应该说，全大道很聪明，选择脱身的时机也并不晚。他马上发出信息，暗示冷青装疯，大闹开封府衙门，而且也确实骗过了钱明逸的眼睛，判了个送河南编管，眼看就要逃出险地了，偏偏遇上了包公。包公一出马，二位的马脚再也藏不住了，连逃跑的机会都没有。因为包公早就四下里派人，把他们严密监视起来了。两人在客店中被捕。

阴谋设计得再周密，也有疏漏之处。包公是怎么发现破绽的呢?

问题出在冷青的母亲那里。前面说，包公曾派出助手外出寻访，从冷青的父母、长辈、朋友、街坊邻居那里细细查寻，很快就发现了一个线索：冷青母亲在生他之前，还生过一个女孩，也就是冷青的姐姐。这个线索极其重要。然后就是调查那个宫女怀孕、出宫的具体时间，这都是有记录在案的，可以很容易就计算出那宫女生产的日期。包公把这些因素综合起来，答案就水落石出了：那宫女生的第一个孩子是个女孩，如果说与皇上有关，也只能是这个女孩儿，而不是冷青。冷青跟仁宗皇帝之间，没有一点血缘关系，是个地地道道的假皇子，冒充的。整个事情，是一场骗局。

那个和尚全大道的底细，是包公在文献资料中查到的。《续资治通鉴长编》上说："继安乃放停军人，先因罪决配鼎州，寻却入京，托病放停，专以幻术交结权贵。"说他原名高继安，当过兵，因为犯罪被发配到湖南常德，以后他谎称有病，打通关节，免了发配之罪，回到开封，摇身一变，成了一个和尚。他到处讲经说法，实际上是以此为幌子从事诈骗活动，与权贵勾结，做了不少坏事。后来遇到冷青，设置骗局，暗中指挥，以求一逞，于是就发生了上面所说的那些事情。

至此，案子宣布告破。包公连夜写成奏折：臣奉旨查明，高继安教唆冷青假冒皇子，事实清楚，证据确凿，二人均供认不讳，依律当斩——敢冒充皇子，自然是杀头的大罪。仁宗准奏。包公下令，大牢提出高继安、冷青，验明正身，绑赴刑场，斩首示众。

那个高继安——全大道，史料上也有另外一种说法。说当时只是斩了冷青，这个和尚被流放到郴州，在湖南编管，就是被监视起来，做苦役。当时正赶上六月，天气酷热，难以忍受。有一天，全大道实在坚持不下去了，放下挑土的担子，吟了四句顺口溜："今朝六月六，老全受罪足；若不登天堂，定是入地狱。"（《挥录余话》）然后坐地而死。

那个钱明逸，案件审理不明，还在大庭广众面前出了大丑，被仁宗以"坐尹京师无威望"（《续资治通鉴长编》）为名贬了官。轰动一时的"假皇子案"，就此收场。

这个案子反映出一个问题：皇帝有没有儿子怎么如此重要？为什么有人不惜冒身家性命的危险而假冒皇子？因为这是个关系到国本的大问题。有了皇子，皇位就有继承人；没有皇子，江山社稷就稳定不了。这是皇权专制社会的一个基本特点。宋仁宗一直没捞着个儿子，这个问题就显得严重了。虽然他还可以选择自己的弟弟或侄子之类的亲属做皇位的继承人，但那毕竟不是子嗣，血缘关系上差了一层。所以仁宗广泛临幸宫女也不完全是"好色"，还有一个"政治任务"，必须"保质保量"地完成。

好在皇帝有这个条件，皇宫里有三宫六院、七十二嫔妃、三千佳丽，就像个大花园。仁宗本人也确实很努力，甚至连未来小皇子居住的东宫都建好了，无奈丫头生了一大堆，皇子一个也没有。好像他生来就是没儿子的命。这件事成了皇上的一块心病，想起来就不免唉声叹气一番。宫里的人纷纷背后议论，说如今皇上简直成了个"皇子迷"，每天想的、盼的，就是能有个儿子。

可皇帝毕竟年岁大了，身体终于垮了，在一次临朝时突发中风病，差点要了老命。包公把这一切看在眼里，觉得自己不能不站出来说话了。包公这一说，就引起了一场风波，让整个皇宫都摇晃起来。究竟包公跟仁宗说了什么，仁宗是如何反应的？

第六章

包公上疏

北宋仁宗年间，有一个人，一个非常平庸的人，论模样、才能、政绩，什么都谈不上，一直在地方上当个推官、知县之类的芝麻官。可就是这么一个不起眼的小人物，在这以后的几年里，竟然在北宋政坛上引发了一场轩然大波。

这个人叫张尧佐，那年，不知什么原因，突然走了大运，先是进了京城，然后就是翻着跟头似的升官，只用了四五年时间，一个小小的县令，竟然当上了三司使。

三司使是个什么官儿？主管国家的财政税收的最高级官员，地位仅次于“两府”。两府是中书省和枢密院的简称，是最高国务机关。中书省管政务，首脑叫同中书门下平章事，也就是宰相；枢密院管军事，“头儿”叫枢密使。两府加上三司，这三个机构是并立的关系，分别对皇帝负责。宋太祖当初之所以这样设官，目的是防止宰相权力过大，威胁皇权。由此可知三司使权位之重，所以当时也有人把三司使叫“计相”。官儿做到三司使，很容易挤进两府当宰相。

一个小小的地方官儿，竟然可以在极短的时间内就登上三司使的宝座，而且还有继续上升的潜力。哇！人们齐声惊呼了一声——那时候有这么惊讶的吗？古文中表示惊叹一般用“噫”。甭管是“哇”还是“噫”，意思都一样：这哪儿是升官，简直是坐直升机嘛！

张尧佐一路青云直上，自我感觉良好，可是慢慢地他感觉有点不对劲了，总觉得旁边有一双眼睛盯着他，盯得他心里直劲儿“发毛”。

这双严厉的眼睛是谁的？正是知谏院包拯的！

知谏院就是官员兼任谏官。谏官，跟御史差不多，都是上书言事的官儿。御史负责监察、弹劾百官；谏官的职责是给皇上提意见，代表臣下监督皇帝。宋代，习惯上把御史台和谏院合起来，称为“台谏”。

皇祐二年六月到十月，数月之内包拯三次上书，弹劾张尧佐。

> 三司使张尧佐，凡庸之人，徒缘宠私，骤阶显列，是非倒置，职业都忘，诸路不胜其诛求，内帑亦烦于借助。法制刓弊，商旅阻行，而尧佐洋洋自得，不知羞辱，招来灾沴，实自斯人。（《续资治通鉴长编》）

他的奏疏包含着三层意思：

第一，张尧佐之所以迅速“蹿红”，因为他有个强硬的后台——他的亲侄女、当朝皇贵妃张氏。按《宋史》上的说法，张贵妃的父亲张尧封死得早，她要通过抬高自家门第，来加强自己在后宫的地位，就必须在朝中有个高官做靠山。在他们老张家，只有张尧佐在外做官，也只有他是合适的人选，所以也就极力劝说仁宗给张尧佐加官。正是由于仁宗皇帝的介入，张尧佐的官才会升得这么快。

包拯从来就厌恶这种凭裙带关系在官场上混的人，认为，张贵妃策动皇上为自己的亲戚封官许愿，明显属于外戚干政，历史上这类的教训太多了，不能不防。

第二，张尧佐太平庸了，完全不具备承担大任的才能。突然间登上高位，连该做什么都不知道，更不懂国情民意是什么，而三司使是国家的“计相”，政府最关键的部门，由一个无能之辈来主管，岂不是笑话？

第三，张尧佐本事不大，做坏事的能量却不小，到处横征暴敛，以显示自己的政绩，当三司使只半年，法制被削弱了，百姓的负担加重了，商旅的正常贸易受阻了，而他自己还自鸣得意，不知天下还有羞耻二字。这样的人不能用，否则会给国家带来更大的祸患。

仁宗看到了包拯的上书，心里有所触动，因为包公说得在理，再仔细看看自己这位拐了弯儿的老丈人，也确实不是个干计相的材料，于是下旨解除了张尧佐三司使的职务。这本是好事，说明皇上不糊涂，可是，人们还没来得及高兴，皇帝紧接着的一个举动，令所有的人，包括包拯，都大感意外。

宋仁宗采取了什么行动，让大家如此惊讶呢？原来，他在免除张尧佐三司使的同时，又一口气任命了自己这位“老丈人”四个重要的职务：

宣徽南院使、淮康军节度使、景灵宫使、同群牧制置使。

这样算起来，张尧佐非但没有停止升官的步伐，反而名分更高了。

这样安排，就不怕台谏官反对吗？如果换到别的朝代，那是不怕，皇帝一言九鼎，想用谁就用谁，谁也不能说三道四，可是宋朝不行。太祖赵匡胤早就定下了规矩，提倡以文治国，不杀上书言事之人，甚至把它写在遗嘱上。所以在宋朝，文臣的地位历来超过武将，皇帝也比较注意倾听大臣们的意见。特别是台谏官，比任何一个朝代都敢讲话。正是顾忌到来自台谏的压力，所以宋仁宗在给张尧佐加官的同时，又补充下达了另一诏令：

诏后妃之家，毋得除二府职位。（《续资治通鉴长编》）

除，任命、授予职位的意思。这份诏书是说给台谏官听的，你们不是不让他当三司使吗？我给他免了；你们不是不让他进两府吗？现在他想进也进不去了，还有什么好说的？实际上，仁宗使的是“以退为进”的计策。好处呢，一是堵上台谏的嘴；二是台谏不说话了，也就稳住了张尧佐的四个职务；三是对张贵妃那边也有个交代，哄美人高兴，一举而三得。仁宗觉得，这事儿自己办得够周全的了，可以说是面面俱到。

可是他没想到，诏书宣布以后，朝廷上下，哇！大家又齐声惊呼了一次。皇上光顾着自己合适了，却忘记了一点，让一个人身兼“四使”，是北宋立朝以来从未有过的事，而且这人还是皇亲，相比之下，那个不让外戚进两府的表示就显得有点虚情假意装门面了。

包拯闻讯，再次拍案而起，连着上了两本，批评皇帝所用非人。包公说：国家的典章制度有规定，像宣徽南院使、节度使这样的职位，非德才兼备之人，不能轻易授予。张尧佐何德何能，一身兼领四使呢？陛下临朝快三十年了，还从来没做过“失德之事”，可是现在天下人都在议论，说陛下在为后宫谋取私利，这是有损“圣德”的事。包拯希望皇上“罢尧佐宣徽使之命，任以外镇，庶可稍息天下之议”（《包拯集校注》），把张尧佐调出朝廷，到地方上任职，认为只有这样，天下的议论才能平息，陛下的“圣名”才能得到维护。

折子递上去，大家翘首以待，可是，一连四天，没有回音，看来，皇上这次是打定主意，不再理会台谏官了。皇帝的傲慢态度犯了“众怒”，越来越多的御史、谏官加入弹劾张尧佐的队伍里来，力劝仁宗收回成命。仁宗仍然置之不理，事态越闹越大，终于引发了一场“廷辩”。

廷辩，就是皇宫大殿上大臣与皇上当面进行辩论。廷辩的过程，是对皇帝和谏官、御史的双重考验，一场廷辩下来，皇上有没有气量，台谏官有没有勇气和智慧都能看出来，特别是台谏官，要承担相当大的风险，把皇上惹火了掉脑袋的事，在历史上并不少见。所以，廷辩是台谏官不得已的选择，只有在非常重要和急迫的时候才会发生。

这次廷辩发生在皇祐二年闰十一月十五日，宋史上有明确的记载。这天下午将退朝的时候，包拯等七名台谏官上殿，要与皇帝面辩。仁宗坐在龙椅上，手里捏着一沓折子，一肚子火正无处发泄，看到迎面走来一群谏官、御史，更加恼火：“岂欲论张尧佐乎？节度使粗官，何用争？”皇上自个儿先把话挑明了：是不是又为张尧佐的事来的？告诉你们，节度使不过是个粗官，何必为了这个来跟我争来争去？

台谏官中有个愣头青叫唐介的，当场就顶了一句：“节度使，太祖、太宗皆曾为之，恐非粗官。”（《续资治通鉴长编》）节度使恐怕不是什么粗官吧？当年太祖、太宗都曾做过节度使嘛——这是拿前朝皇帝来压当朝皇帝，话确实够冲。

仁宗听了这话，当时脸上就挂不住了，一拍龙椅站了起来就要发作，包公和台谏官们也不愿就此罢休，双方你看着我，我盯着你，大眼瞪小眼，一时形成僵持的局面。

宋仁宗赵祯，这位皇帝其实并非昏庸之人，比较勤于政事，性情也比较温和。

举个例子。有个和尚曾参加过宫里的道场法事，他回忆，有天晚上，仁宗前来看热闹，跟和尚们一块儿待了很长时间。临别时，皇帝下旨："赐每个僧人紫罗一匹。"众僧纷纷致谢，仁宗走近悄悄说了一句："出东华门，把紫罗放在怀中，别让人瞧见，不然台谏官又要有文字论列了。"当时和尚们感慨不已，说堂堂一代君主，又没送什么价值连城的东西，怎么如此畏惧台谏官啊？看来，这皇上也不好当啊！

这就是宋仁宗。由于他能够知人善任，能容人、容话，他那个时代，是中国历史上人才最为辈出的时代，欧阳修、范仲淹、包拯、韩琦、文彦博、晏殊、狄青等等，还有王安石、司马光、苏轼也开始"冒头"，出了许许多多精彩纷呈的人和事。

按说，宋仁宗够贤明的了，可他为什么会不顾朝廷遴选官员的法度，为了一个小小的张尧佐，而跟台谏官屡屡发生冲突呢？原来事出有因。

宋仁宗一生虽然临幸的女人无数，但真正爱的女人只有张氏一人。他即位时只有十三岁，朝政由刘太后控制。刘太后是个非常霸道的女人，最让他难以忍受的是，太后干预他的婚姻大事。当时进宫备选的有两个女孩，一个姓郭，一个姓张。仁宗一眼相中了张氏，可是仁宗的选择却遭到太后的阻挠。太后自作主张，册立郭氏为后。这件事对仁宗的伤害是很深的，仁宗对此一直耿耿于怀。

到仁宗二十三岁那年，刘太后才还政于皇帝，不久，太后去世。就在这时，宋仁宗突然发现了一个天大的秘密！原来，刘太后并不是他的生身母亲，他的母亲姓李，生下他不久就被赶出宫，一生再也无缘与亲生儿子见面，而李氏生的这个男孩，就是后来的宋仁宗，被不能生子的刘氏据为己有。刘氏就是凭着这个男孩当上了皇后，后来又成了皇太后。宋仁宗受骗竟长达二十多年。了解真情后，仁宗感觉如晴天霹雳，当时就晕在龙椅上了。这就是北宋历史上非常有名的关于仁宗身世的一段公案，后来有人把这段奇妙的历史改编成一部戏剧《狸猫换太子》。

仁宗本来就不喜欢太后一手栽培的郭皇后，郭皇后也不识时务，根本没意识到，太后已死，自己的靠山已经没了，仍然像以前那样在后宫颐指气使。一次，她跟仁宗宠爱的两个嫔妃争吵起来，动手了。皇后生猛得很，一巴掌扇了过去，可巧此时仁宗赶过来劝架，躲闪不及，巴掌落到了仁宗的脸上。这一掌，闯了大祸，十年结发夫妻，一朝被废。

郭后被废，名义上是说她不能生育皇子，实际上是仁宗在发泄对已故皇太后的不满。废掉皇后，宋仁宗打算立张氏为后，却没能如愿。立谁为后，历来是皇宫内部最敏感的政治问题。在种种压力之下，仁宗不得不放弃了原先的想法，另立了一个曹皇后。

两次立后，仁宗都不能自作主张，非常窝火，既然封张氏为后没希望了，仁宗也下了决心，无论如何，也得为自己心爱的人争口气，给她多弄点好处，于是力排众议，立张美人为贵妃。仁宗认为这还不够，总感觉自己有歉于她，所以当她提出给张尧佐加官的时候，想都没想满口应承下来。可是，没想到的是，这件事会引来如此激烈的反对。

于是就出现了大殿上那惊心动魄的一幕。面对寸步不让的台谏官，想到这几个人的背后还有无数的官员对此事不满，宋仁宗发热的脑袋一下子清醒了许多，明白是自己把事情想得简单了。可是，身为皇帝，自己又不能轻易退让。因为事情发展到这个地步，已经不是简单的一个用不用张尧佐的问题，还涉及皇室的面子。怎么办？皇上一时拿不定主意，于是叫内廷宣旨退朝。

在短短的几分钟时间里，仁宗的态度发生了一个明显的变化，局面才没有失控。那么，怎么能证明仁宗的这种心理活动呢？证据是《续资治通鉴长编》里说的，“仁宗初盛怒”，说他开始的时候非常生气，但很快就让步了，“上竦然，而尧佐之命竟罢”，说明当时皇帝的心里也很紧张，张尧佐的事儿也不提了。仁宗回去左思右想，折腾了一夜，第二天一大早颁诏。皇帝诏曰：

> 今台谏官重有章疏，其言反覆，及进对之际，失于喧哗，在法当黜。朝廷特示含容，其令中书取戒厉，自今台谏官相率上殿，并先申中书取旨。（《续资治通鉴长编》卷169）

诏书明文规定，今后有类似这种上疏，要由中书省加强管理，以后你们一大群人要是像昨天那样聚在一起，必须先得到我的旨意才能上殿。仁宗发布这个诏书的目的是什么呢？表面上，皇帝要拿台谏官开刀，实际上他只是要改变目前的被动局面，显示一下皇帝的威严，把皇室的面子"捞"回来，并不是要严办谁。这从后来没有一个人因此事受到惩罚就可以看出来。所以，这个诏书不过是皇帝"虚张声势"而已，因为他没有谈最重要的，也是人们最为关心的问题，张尧佐到底是用还是不用？显然，仁宗并不想因此事破坏他跟台谏的关系，下一步，他应该找个台阶下来。

果然，关键时刻，一个人站了出来——枢密副使梁适。他说：

> 台谏官盖有言责，其言虽过，唯陛下矜察，然宠尧佐太厚，恐非所以全之。（《续资治通鉴长编》卷169）

梁适的话说得比较委婉，一方面批评台谏官，说话过分了啊，同时也指出，他们是台谏，有出来说话的责任；另一方面，肯定皇帝有“矜察”百官的权力，矜，慎重之意。但也指出皇上不顾大家的反对一定要重用张尧佐，有不妥之处。两边都说到了。

仁宗等的就是这个台阶，看见有人提供，马上就驴下坡，下诏取消张尧佐两个“使”的任命，但还保留了两个，意思是，我让步但不能全让，我接受意见但不能全接受。而台谏官们也见好就收，不愿意把皇帝逼得太紧，不再上书，局面很快缓和下来。

可是，事情并没有完结，过了一段时间，仁宗“耳朵根子软”的毛病又犯了，在贵妃新一轮的“枕边攻势”下，准备重提旧事，恢复张尧佐宣徽南院使的职务。

御旨颁下去，皇上的眼睛不住地瞄着老包，知道这家伙不会善罢甘休。果然，包拯立即做出反应，折子马上递了上来。皇帝先前对台谏官的严厉警告，老包好像全忘了。

金殿上，仁宗对包拯说：爱卿啊，张尧佐并无大过，可以擢升嘛。

包拯说：各地违法征收赋税，闹得民怨沸腾，张尧佐身为主管，怎能说无大过呢？

宋仁宗叹了口气，柔声说道：这已是第三次下旨任命了。朕既贵为天子，难道擢任一个人就这么不容易吗？

包拯正色道：陛下曾经作过承诺，不让后妃亲属越升两府，可现在却坚持给张尧佐加官，使他离两府越来越近，这样下去，由私人关系，谁都可以谋求高位，有求必应，国家的法度何在？在这件事上，陛下已经出过错，希望不要一错再错。

包公义正词严，态度非常严肃，搞得仁宗颇有点狼狈。司马光的《涑水纪闻》和朱弁的《曲洧旧闻》里都有详细的记载。说那天仁宗上朝，张贵妃送皇上出门，抚摸着皇上的手臂，无限温柔地说："官家（宋朝人管皇帝叫'官家'），今日可别忘了宣徽使！"仁宗说："得得。"这个"得得"，一是对贵妃的承诺，今儿个上朝一定提这个事儿。二是多少有烦躁之意，折腾了这么多次，皇上也烦。结果，一上朝迎头就碰上了包拯。廷辩过程中，包公情绪激昂，口若悬河：

反覆数百言，音吐愤激，唾溅帝面。（《曲洧旧闻》）

包公越说离皇上的宝座越近，唾沫星子竟然飞到了仁宗的脸上。仁宗不得不"举袖拭面"，抬起手擦脸。

外边，张贵妃也很紧张，紧着派身边的小宦官前去打探消息，知道有包拯阻拦，皇上这一关不好过。等皇上出来，赶紧在路边迎候谢罪。仁宗垂头丧气地走出来，见到贵妃，气不打一处来：

汝只管要宣徽使、宣徽使，汝岂不知包拯是御史中丞乎？（《曲洧旧闻》）

历史记载实在太形象了，如闻其声，如见其人。由此可以体会，九百多年前汴京城皇宫里的那些生动的人物，那个惊心动魄的情景。

包拯前后六次上奏，弹劾张尧佐，最终令宋仁宗无可奈何，不得不面对现实。看来有他老包在，这事儿办不成，于是下诏：

> 诏自今张尧佐别有迁改，检会此劄子进呈执奏。（《续资治通鉴长编》）

就是说，以后再提拔张尧佐，要先征求台谏官的意见，这就等于皇帝向大臣作出承诺，以后不再给张尧佐加官。这件事，最后还是皇帝做出了让步。

也许是仕途不顺，张尧佐不久就死了，临死前还在抱怨那个包黑炭，就是因为他，自己始终当不上大官儿。张贵妃也短命，三十一岁就暴病去世了，仁宗悲痛欲绝，追册张贵妃为皇后。曹皇后还在世，却追册贵妃为后，一代王朝，生死两皇后，是旷古未闻之事。

这个发生在1050年前后的事件，可以说是包公戏的历史原型。“唾溅帝王面”，等于是犯了“天颜”，性质比“打龙袍犹如臣打君”更为严重。可是，宋仁宗并没有怪罪包拯，也没有改变对他的信任，参与廷辩的台谏官没有谁遭到打击报复，反而还陆续被宋仁宗委以重任。所以，包拯这样的人物能出在那个时代，绝不是偶然的。这是北宋朝君臣们给历代统治者提供的一个治国的经典案例——以文治国，追求平稳和谐的君臣关系，皇家的私人利益有时候也不得不让位于国家的整体利益。

第七章

开封府尹

“包龙图打坐在开封府，尊一声驸马爷细听端底。”

《铡美案》里的这句西皮导板，唱得回肠荡气，掷地有声。中国老百姓或许不大知道宋仁宗姓甚名谁，但是恐怕没人不知道包公、秦香莲、陈世美的，还有就是那座开封府，包公一世英名，都跟开封府有关。

包公到开封府上任的时间，是在1056年，也就是嘉祐元年的十二月，他接到了皇上亲自“签发”的一项新任命——权知开封府。

“知开封府”就是担任开封府尹，也就是市长。而这个“权”字，在汉语里有权宜、权且的意思，在这儿是“暂时代理”之意。这么说，包公是个代理市长了？不是。因为在包公之前，宋朝有两位皇帝——宋太宗、宋真宗曾经知过开封府。加个“权”字是说大臣不能僭越皇帝之位。所以，包公不是“代理市长”，而是正牌的开封“市长”。

开封府尹，多大的官儿呢？这么说吧，其他州府的行政长官都是从五品，开封府却是正三品，开封府办的案子，当朝其他部门不能干涉或者纠察——就这么“牛”。

包公在开封府任上做了多长时间呢？满打满算，只有一年零三个月。开封权贵如云，鱼龙混杂，一向号称难治，而包拯却能在一年多一点的时间内，就将这座有150万人的当时最大的城市治理得井井有条，而且还在这里确立了他的一世英名——包青天，包公靠的是什么呢？

答案用三个字可概括：正、智、真。正，就是一身正气，凛然不可犯；智，就是智慧，断案如神，所到之处，没有破不了的案，没有洗不了的冤，没有报不了的仇；而真，就是待人待事真诚可信，老百姓信服他。

一、包公之正

包公刚到开封府上任就出了一件大事——城南居民小区着了一把大火。怎么这么巧，“市长”刚到任就着火？逢发生这种事，十有八九，另有文章。所以，坊间一直流传着一种说法：这火是人故意放的。

一个月黑风高的晚上，几个泼皮混混儿为了给新来的知府大人来个“下马威”，在城南居民密集区里放了一把火！

这下乱套了，人们大呼小叫，七手八脚地救火，紧接着，警钟长鸣——开封市消防队也到了。

怎么？宋代就有了消防队了？

没错。有学者专门做过论证，宋代开封城里已经有了专业消防队，由“市政府”出面组织，叫“潜火铺”，日夜巡逻。这种城市专职的灭火组织，是从军队转化而来的，跟现在差不多。

灭火的工具，叫“唧筒”，这玩意儿能从井里往上吸水，还能喷射，当然跟现在的高压水枪比不了，但在当时已经很了不起了。史学界把“唧筒”的发明看作是一个“划时代的贡献”。还有一种工具叫“水囊”，很常见，老百姓也可以用。它是用猪、牛的膀胱制成的。平时灌满了水备用；起火时，不光是拎着水桶、端着木盆，还拎着这种猪、牛的膀胱奔赴火场。哪儿着火，就往哪儿扔，水囊沾热就破，水流出来就可以灭火。

当时开封府还实施过一项“惠民工程”：把金水河决开一个口子，用水渠连接的方式，把整个东京市区连接起来，水渠周围种植树木。那时的东京汴梁，水渠环绕，无处没有水，无处没有树，无水没有桥，无桥不成路。为方便市民生活，在主要街道、小住区的附近，还修建了蓄水井。平时市民就近取水、用水，一旦发生火灾，便从井里就近汲水灭火。

这可以说是中国乃至世界上最早的消防体制。当年的城市管理，能达到这个水平，值得称道与研究。

现场大家都忙着救火，府尹包大人也匆匆赶到，亲自指挥灭火。

包公正在勘察火情，几个小泼皮围了上来："草民叩见包大人。请问大人，我们来救火，您看是到甜水巷取水，还是到苦水巷取水？请大人明示。"

包拯说："什么甜水、苦水？救火要紧！"向前走了几步，忽回头，见身后几个泼皮，挤眉弄眼，形容猥琐，一看就知道不是什么好人，眉头一皱，怒声说道：

"看来，火定是你们放的。来人，给我拿下这几个放火的逆贼！"

几个泼皮一听包拯这话，魂儿都吓没了，喊了一嗓子："完了完了，这回可栽了！"

当即审问，周围百姓纷纷揭发，证据确凿，几个丢了魂儿的泼皮很快就招认了。包公手一挥，"斩！"其中一个领头的被砍了脑袋。

包公的威风，由此可见一斑。而且这是个真事儿，有史料明确记载：

包孝肃公尹京，人莫敢犯者。一日，闾巷火作，救焚方急，有无赖子，相约乘变调公。亟走，声喏于前曰：

“取水于甜水巷耶，于苦水巷耶？”公勿省，亟命斩之。由是人益畏服。［（宋）曾敏行《独醒杂志》］

这里，“勿”应该是“忽”的意思。

据考证，对失火、灭火的事儿，当时确实制定有严格的法律。如《庆元条法事类》——宋宁宗赵扩时的法令汇编，一共八十卷，其中就有对那些有意妨碍救火的人也处以严刑的规定。紧急时刻，不容歹人妨碍以至破坏救火这种非常紧急的公共事务，有力地打击坏人，就是有效地保护百姓的利益。

包公每天在开封府打坐，面对着各种稀奇古怪的案件，他延续了以前断案的传统，表现出超强的智慧，无论多复杂的案子，他总是能作出准确的判断，解决其他官吏难以参透的疑难问题。

二、包公之智

包公历来能秉公断案，名声远播，所以每逢包公上堂审案，汴梁城里、城外的人都争先恐后地来观看，大堂经常被挤得水泄不通。这时候的包公，很像是今天的偶像派明星，身边围着一批“包粉”。

“包大人来了！”人们伸长脖子、踮起脚跟儿，远远望去，只见——

包拯头戴乌纱帽，身穿蟒龙袍，长须，一派威严的气势，脸，果然有点儿黑，坐在那，不怒而自威。

可是若仔细看，会发现一个秘密：包公的形象好像跟别的官哪儿不大一样。什么地方不同呢？帽子。包公的帽翅儿特别长，比一般官员的长出一截。那么，包公的帽翅为什么这么长呢？

这顶帽子可是非同小可，它是皇上御赐的。皇上干吗要送包拯一顶特制的帽子呢？这里边有个小故事。包公个子比较矮，也就一米六左右吧，按今天的说法，属于“半残废”一族的，找对象有点儿困难，不过对于包公来说，不是难在找对象上，而是上堂比较难。

那时候审案一般都能做到公开，除了一些涉及风化的案子，那些不适于在大庭广众之下公审的，都能公开审理，加上这是著名的包公在审案，所以招了许多人前来“参观”。由于来的人太多，有时候包公上堂竟被挤在人堆里出不来，帽子也被挤得七扭八歪，很是狼狈。

后来仁宗知道了这事儿，就专门御赐给包公一顶特制的帽子。这顶帽子与众不同，帽翅儿比一般官员的长出来三寸。仁宗同时还下了一道圣旨：谁也不能碰包公的帽子，碰到了要治罪。于是包公再上堂，身边的差役——王朝、马汉吆喝一声：“包大人升堂！圣上有旨，碰到大人帽翅者治罪！”这下行了，众人纷纷闪开一条路，个子不高的包公就大模大样地升堂就座，开始审案。

历史上流传下来的包公画像，帽翅果然很长，说明这个说法是有根据的。

包公在开封府每天处理的，其实大部分并不是惊心动魄的刑事案，而是一般的民事小案。比如《吕氏童蒙训》上记载包公在开封府尹任上碰到过这样一个案子：

> 包孝肃公尹京时，民有自言“以白金百两寄我者死矣。予其子，其子不肯受。愿召其子予之”。尹召其子，其子辞曰：“亡父未尝以白金委人也。”两人相让久之。公因言：“观此事而言无好人者，亦可以少愧矣。”

某日，有人来开封府找包公办差来了。来人自称有个朋友死了，生前曾经把上百两白金寄托在他那里，现在想把金子还给朋友的儿子，那小子却不肯接受。请大人您把那小子招来，本人愿意把这笔钱当面交还。于是包公把那人叫到衙门来，如此这般，说这笔钱是你的，你收下。那人还是推托，说家父生前未曾把钱寄托在别人手里，他不能收——这人，用今天的眼光来看，真够实在的！这边说，这钱是你的，你收下；那边说，这钱不是我的，我不能收，双方推来推去。包公在旁边感慨地说了一句：有人说这世间无好人，看看这件事，还会这样说吗？应该稍稍感到惭愧才是啊！

此案没有谈及结果，或者结果已不重要。它说明，包公并没有因为案子小就不认真对待，而是看到它的价值：人间最美好的精神财富——诚实、信誉。由此观之，北宋时期民风还是相当淳朴的。

另一个案子也跟金子有关，反映的却是另外一种人生价值。这个案子记载于《包公墓志铭》上，因此是可信的。

> 尝有二人饮酒，一能，一不能饮。能饮者袖有金数两，恐其醉而遗也，纳诸不能饮者。能饮者醒而索之，不能饮者拒之，曰："无之。"金主讼之。诘问，不服。公密遣吏持牒为匿金者自通取诸其家。家人谓事觉，即付金于吏。俄而吏持金至，匿金者大惊，乃伏。

甲乙两人喝酒，甲会喝，乙不会喝，甲的身上藏着几两金子，怕自己喝醉了金子丢了，就把金子交给不会喝酒的乙保管，说我酒醒了你再还给我。把金子安排好，甲就放心地豪饮起来，结果酩酊大醉。等甲酒醒了，就去找他的朋友要金子，乙却不承认——你啥时候给我金子了？没这回事。甲当然急了，两人争吵起来，官司打到开封府来了。

这案子不大，难度其实不小，因为事情是在两人之间私下里进行的，旁人不了解情况，没法作证。谁知道他俩哪一个说的是实情？

包公是怎么断的案呢？他先把这二位稳住，耐心地做思想工作——你要是拿了人家的金子就主动交代，还给人家，大家还是朋友；而私下里，派王朝马汉到乙的家里去了，对那家人说：你家主人因为金子的事涉案了，现在还在包大人那里扣着，他本人已经交代了，现在，快把金子交出来吧！

那家人一看来的是官府衙门的人，哪有不信的？肯定自己人已经招认了，没办法，只好把金子如数交了出来。

这边厢，那乙还在撒谎，公堂上包公把金子往那一摆，事情就真相大白了。甲一见高兴得不得了：这就是我的金子耶！包公惊堂木一拍：大胆刁民，还不快快招来！乙只得认罪伏法。

包公断这个案，跟前面断过的“牛舌案”差不多，连蒙带唬，就把案破了，用的是计谋。破案需要证据，但有时候也得有点心理学。而包公，称得上是一位心理学大师。

包公在开封府总共断过多少案子，史上没有详细记载，但断案的事儿肯定是少不了的。据说由于办案多，工作量大，开封府每月用秃的毛笔就数量可观。只是由于刑事案件不进正史，所以那些精彩纷呈的“包公案”，大部分都遗失了，今天能知道的已经很少了。

学术界有个观点，认为现在民间流传的包公案，和戏剧舞台上演的包公戏，几乎都是假的，跟包公没有什么关系。在开封府，《秦香莲》那样的故事可能真的发生过，而至今仍在舞台上盛演不衰的那些包公戏，如《赤桑镇》《铡美案》《鲁斋郎》《灰阑记》等等，未必都不是包公断过的案子。它们有一部分可能真的发生过。正史上不记，只在民间流传；口口相传中有艺术夸张，有新的杜撰，但其中有一些案子，或多或少跟包公有直接的关系。

不管是历史记载还是民间传说，都可证明包公确实是断案如神，但这里有个问题，如果只是断案高明，他就能被人们称为“包青天”么？

应该说善于断案的官员是很多的，不说别处，就说包公前后几任开封府尹，都赫赫有名——寇准、范仲淹、吕夷简、曾公亮、韩琦、欧阳修、司马光等等，个个都是破案高手，怎么没人管他们叫范青天、韩青天、欧阳青天呢？包公肯定有他的与众不同之处——

三、包公之真

上文提到的两个案例都是百姓之间的诉讼案，可天下的诉讼并不只是在老百姓之间发生，如果普通的小老百姓遇上权贵怎么办？当有钱有势的一方要倚仗他们的权势和金钱来影响诉讼结果的时候怎么办？那时候，才是对一个官员真正的考验。有两件事，可以通过它们来寻找答案。

第一件事，“包公治水”。

1057年的夏天，京城发了一场大水。连降的倾盆大雨变成了汹涌的洪水，如同猛兽，淹没了京城大小街道。这可就忙坏了包大人。包公一面指挥抗洪抢险，保城安民，一面派人详细调查泄洪不畅的原因。很快，原因查出来了。《宋史本传》上记载：

中官势族筑园榭，侵惠民河，以故河塞不通，适京师大水，拯乃悉毁去。

“中官”就是宦官，有钱有势，一头又连着皇宫里头，人们唯恐避之不及，谁敢去招惹他们？可是包公没理那一套，立即下令，摧毁所有跨河的楼台、花园、水榭，以泄洪水。不管是谁的，全给我拆！

消息传出，京师军民，一片欢呼：“好啊，包大人！”

包公的举动恰有个“参照物”。就在前一年，也是天降大雨，惠民河（又名蔡河）决口，淹没了京师南半城。面对灾难，开封府官员们比百姓还惊慌，看着水往上涨，束手无策。这些庸官对这次天灾人祸的冷漠态度，使汴京城内的民众耿耿于怀，街头巷尾，到处有人议论。而包拯这次行动，彻底把人们的印象改变了。这中间当然也不是一帆风顺。有个大宦官，为了保住自家的产业，伪造地契，无理纠缠。《宋史本传》上记载了这件事：

或持地券自言有伪增步数者，皆审验劾奏之。

包公及时把情况汇报给皇帝，得到了仁宗的支持，把那个大宦官撤了，治水工程得以继续进行。

第二件事，包公的“诉讼革命”。

从前，百姓上衙门告状难，难于上青天。先不说断案，光是进门就很不容易。府衙有惯例，原告不能直接进入公事堂，百姓的状纸要由“门牌司”（守门的差役）转递，至于门子投不投上去，只有天知道了。要想万无一失，只有用钱买路。倒霉的是，经过这层层扒皮，告状的很可能连审案官儿的面也见不着。有钱的，就多花银子；没钱的，只好望着衙门口兴叹。所以民间一直流传着一句话，叫“天下衙门朝南开，有理无钱莫进来”。

包拯来了，这规矩就得改！他命手下在正衙门口设了两面鼓，百姓要诉冤告状就击鼓，鼓声一响，府衙正门大开，告状者就可以直登大堂，任何人不得阻拦。这时，主审官已经升堂，告状的就可以当面向他陈述案情。这样一来就少了中间一道环节，衙门小吏想做手脚勒索百姓就很难了。

戏曲舞台上“击鼓升堂”的那些情节，源头就在这里。这件事，在朱熹的《五朝名臣言行录》中有记载：

（开封府）旧制：凡诉讼不得径造庭下，府吏坐门，先收状牒，谓之“牌司”。公（包拯）开正门，径使至前，自言曲直，吏民不敢欺。

《包公墓志铭》也有记载：

民得自趋至尹前，无复隔阂。

我们读《水浒》，其中有一段“杨志卖刀”，说杨志杀了泼皮牛二，大家为他作证，一干人到开封府衙门告状，一进门，府尹大人就在那儿坐着值班呢。审理杨志案子的，当然不是包公，但如果没有当初包公的法制改革，他杨志也决不能那么顺当地走上开封府大堂，直接向府尹大人告状。

在法制史上，这可不是一件小事。它为申冤乃至上访者洞开了开封府的大门，让法律能多少贴近一点儿普通民众。百姓诉讼告状直通法官大人的案前，对不法的官僚、豪门，是个打击。所以有人把包公的这件事称为中国法制史上的一场“诉讼革命”。

由这两件事，我们就可以理解，人们为什么相信秦香莲那样的故事是发生在包公身上，而不是别人了。

官员们出于利益的需要，在官民之间出现纠纷的时候，一般总是站在权势者的一方，就是所谓 “官官相护”。作为掌握审判权的人，即使他完全了解案情的真相，也有可能为了讨好权贵而有意不作为，甚至贪赃枉法，按照有利于那些权势者所希望的方式判决。

正是由于官场上这种通行的“潜规则”，所以有钱有势者经常认为自己完全有实力压制小老百姓。陈世美明知他被告到了执法如山的开封府，仍然可以满不在乎地对包公说：“纵然有人将我告，敢把我当朝的驸马怎开销？”

可是包公，却实实在在地站在百姓一边，把正义置于权力之上。他并不认为“官官”就得“相护”，执法严明、铁面无私的包龙图，不会因与自己同朝为官就法外施情。

这就是包公的与众不同之处。拼着丢了这顶乌纱帽，也要还百姓一个公道，哪怕你是皇亲国戚，哪怕你是铁壁铜墙，没有我包拯办不了的案，没有我包拯破不了的墙：“呸！慢说当朝驸马到，就是那凤子龙孙也不饶。头上打去乌纱帽，身上再脱他蟒龙袍”；“叫来人捆绑陈世美，铡了这负义的人再奏当朝！”

可见，包公并不只是足智多谋，断案如神，更重要的是，他经常能站在弱者一边——敢打龙袍，敢铡驸马，敢把矛头指向皇亲国戚、权贵政要，敢为草民申冤，敢断一切人间不平事。他成为天下受苦人绝望中的最后一点希望。这正是包公为世世代代的普通人所记忆、所怀念的“奥秘”之所在。

第八章

宋宫秋月

嘉祐三年（1058）八月，包公被任命为右谏议大夫、权御史中丞。有人形容谏议大夫的职责，是“讽朝政之得失，谏皇帝之功过”，几乎所有的国务大事都可以参与，跟皇帝面对面发表意见；御史中丞是御史台和谏院两个言事机构的总头儿，职责重点是监察、弹劾百官。贪官见了御史都有点怕，能躲就躲。可见这时候宋仁宗对包公是充分信任的，已经把他作为心腹大臣重用。

当时，在朝廷要员中有四个人威望最高，他们是：宰相富弼、翰林学士欧阳修、御史中丞包拯，还有一个管太学的人，叫胡瑗。这四位，人称“嘉祐四真”。嘉祐是仁宗的年号。当时还有个说法：“富公真宰相，欧阳永叔真翰林学士，包老真中丞，胡公真先生。”（《容斋随笔》）说这四个人德才兼备，没说的，众望所归。

包公，此前任开封府尹，铁面无私，威震京城，不少大臣对他既尊敬又有点害怕，有包公在，他们就不能高枕无忧。比较起来，他们倒更愿包公打坐开封府，少来管朝廷里的事。小心着吧，可别栽到包阎罗的手里，那可就没好果子吃了。

还好，包拯上任的第一件事，并没找他们的麻烦，而是首先瞄准了皇上。一日面见宋仁宗，包公奏曰："东宫虚位日久，天下以为忧，陛下持久不决，何也？"（《宋史本传》）

什么是"东宫"？一般指皇太子的居所。古时候皇宫大殿，中间坐北朝南的正殿地位最尊，东西两边的偏殿，以东为大。不只是官家，民间住宅也是如此，这是中国的传统。有时候人们也把太子称作东宫，那是因为太子是诸皇子之首，是储君，未来的皇上，地位仅次于当今皇上。

包公问，皇上，东宫太子一直虚位，天下人都为此担忧，可老臣始终没听到有什么结果。不知道皇上究竟怎么考虑的，为什么老是悬而不决呢？

仁宗看着他，沉默不语。包公看皇上没啥动静，以为自己没说明白，又接着说："夫万物有根本，而太子者，天下根本也，根本不立，祸孰大焉。"（《续资治通鉴长编》）——太子一天不立，国家一天不安定。皇上是不是抓紧办一下，否则难免会有大祸降临啊！

应该说，包公这一问确实有点莽撞，上下之体有失分寸，而且这又是个仁宗非常难于回答的问题。果然，仁宗发话了，话音很冷："卿欲谁立？"（《宋史本传》）——你打算立谁啊？

你想立谁？这是什么话？包公听了不禁打了个寒噤，分明是皇上不爱听了，而且不单是生气，更含着一种猜忌——莫非你要贪图拥立之功？伴君如伴虎，皇帝的信任说变就变，包公胆子再大也不免震动了一下，搁别人，早就吓得尿裤子了。

可包公一点没有慌乱，稳稳地说了后来很有名的一段话：

> 臣非才备位，所以乞豫建太子者，为宗庙万世计耳。陛下问臣欲谁立，是疑臣也。臣行年六十且无子，非邀后福者，唯陛下裁察。（《续资治通鉴长编》）

老臣不才，蒙陛下提拔做了谏官、御史，不能见事不说。之所以请皇上立储，早正东宫，还不是为江山社稷着想吗？皇上问我想立谁，是怀疑老臣别有用心，老臣可怎么担待得起！说来不怕皇上笑话，我已经六十岁的人了，连个儿子都没有，立不立太子，立谁为太子，臣的后人都捞不上什么好处。就算有后福，我也消受不着啊！老臣的这一片痴心，还请皇上明察！

包公为什么要提出立嗣的建议呢？宋仁宗这时候已经五十多岁了，为什么一直没有立太子？难道皇帝没有儿子吗？

真的就是如此，仁宗皇帝一直无子，也就一直没有确定皇位继承人。这在当时可是天大的事，关系到整个国家政局的平衡、稳定。所以，不只是皇帝本人非常重视，文武百官甚至平头百姓也都非常关注。

可是，说起来，这位皇上好像生来就是没有儿子的命。他也曾有过三个儿子，可是“全军覆没”，一个都没能活下来。他对老三曾寄予很大期待，取名赵曦，希望他像旭日东升那样充满生命力，可惜这位皇子两岁多的时候就死了。

皇子为什么总是夭折呢？恐怕主要是当时医疗卫生条件太差，孩子生病，医生救治能力低。另外，皇上本人身体也不强，加上房事过度，影响了孩子的体质，很容易生病。

不过，老三死的时候仁宗年方三十四岁，正值壮年，大家还不大担心，皇帝本人也还挺有信心。作为皇帝，他身边从来不缺女人，除了张贵妃，还有十大嫔妃，号称“十阁”。他还没忘了吩咐内侍省（专门负责宫廷事务的机构）建了一座“潜龙宫”，专等皇子降生。

“潜龙”是说还没有腾飞的龙。古代，龙是皇家专用，老百姓是不能随便用这个字的。潜龙宫就是太子住的地方，历代都有。

那时候，皇上想的、盼的，就是来个儿子，日夜为这事儿奔忙，嫔妃不够，宫女也将就。仁宗还在后宫到处许愿，谁能诞下龙子，他就封谁为皇后，由此得了个“皇子迷”的绰号。他琢磨，就算是广种薄收，只要有一个儿子也算没白忙。

可事情没有想象的那么顺利，眼瞅着过了四十大寿，连儿子的影子都没见着，丫头倒是生了不少。为这事，仁宗的情绪越来越低落。也就难怪，包公提出立嗣的事仁宗为什么那么不高兴了。

到嘉祐年间，仁宗已经当了三十多年皇帝了，继承人仍然没有着落，万一皇上有个三长两短，那麻烦可就大了：立马就会有人在这件事上面做文章，宫里宫外各种政治势力的矛盾就会尖锐化，接着就会来一场血雨腥风，那时候不只朝政完蛋，老百姓也跟着遭殃。

况且事情没有不透风的墙，皇上无子的事儿传到民间，各种“小道消息”层出不穷，结果就出了冷青那个假皇子案。再这样不明不白地拖下去，就真的可能影响朝政的稳定了。这是老包着急的主要原因。对近在眼前的政治危机，他决不能坐视不管，是自己站出来说话的时候了，于是就有了上面那场君臣对话。

这里有个问题，包公为什么一上任就急着跟皇上提立嗣这种敏感之事呢？他就不兴等一等，观察观察形势，或者多拉几个同盟者再说吗？不行，他认为绝对不能等。一方面他是个急性子，说干就干，决不无原则地瞎等，更主要的，是他发现事态开始发生变化，已经到了不能再拖的地步了。

第一，皇帝的身体已经不行了，不豫的次数越来越多，也越来越重。皇帝贵为天子，他的生老病死就不能像普通百姓那样直接说出来，所以出生叫诞育，死了叫驾崩，生病就叫不豫。

北宋历代皇帝，属这个仁宗皇帝身体最差，打从年轻时就常生病，如今年岁大了，身体状况一年不如一年了。还有就是后宫生活无节制、经常服用一些奇怪的药物等等，也是导致皇帝身体状况不佳的原因。

仁宗的每次不豫，都很吓人，要么昏迷不醒，要么陷入莫名其妙的疯癫状态，神志混乱说胡话，而且吃什么药也不见效。最严重的一次不豫，发生在至和三年正月，也就是包公进谏的前两年，那一回，仁宗皇帝可是丢大人了。

当时契丹与大宋实现了媾和，开始讲究礼尚往来，每年春节都有使节互相朝拜。《续资治通鉴长编》记载："戊午，宴契丹使者于紫宸殿。宰相文彦博奉觞诣御榻上寿，上顾曰：'不乐耶？'彦博知上有疾，错愕无以对，然尚能终宴。"是说大年初五，皇上在紫宸殿宴请契丹使者，内侍们摆好酒席，请出皇上落了座。宰相文彦博手捧酒觞登上台阶为皇上祝寿："吾皇万岁、万万岁！"

仁宗呆呆地看着他："宰相不高兴吗？"

文彦博心想这是哪儿跟哪儿啊？再仔细察看皇上的脸色，眼睛黑少白多，不好！皇上病了！文彦博的心咯噔一下，汗就下来了。可现在宴会之上，外国使臣在场，怎么办？宰相也没了主意，慌乱中躬了躬身退了下来。

政治就像一部运转中的机器，一旦运转起来，就很难停止。主事大臣知道仁宗病了没说怎么办，皇帝身边的太监又不敢擅自做主，文武百官在下面什么也看不清，于是一切活动就只能照常进行。

文彦博下来后定了定神，觉得应该遮掩一下，就大声命令：“什么乐队？声儿小得像蚊子。大点声音！”乐队遵命，使劲儿演奏，锣鼓家伙一起上。宰相还不满意：“再大声！”直把个好好的江南丝竹演奏得如军阵鼓乐一般。底下的大臣们纳闷了：这是什么乐队，有这么砸家伙的吗？以为是重金属啊？

契丹使臣倒是没听出什么，大概他们金戈铁马的音乐听惯了，还以为这是大宋朝的一种礼仪呢。只有知道内情的几个太监明白，文彦博是在打马虎眼，分散大家的注意力，不叫皇上当众露馅儿。

上边仁宗皇帝突然发话了，但语无伦次。左右见皇上确实不对劲了，赶忙把他扶到后面去了。

契丹使臣终于觉得不大对头了，文彦博只好向人家解释：“彦博以上旨谕契丹使者，云昨夕宫中饮酒稍多，今不能亲临宴，遣大臣就驿赐宴，仍授国书。”对他们解释：不好意思，昨晚皇上饮酒过多，今日不能亲临宴会了，由本大臣奉陪，代授国书。 契丹人不明就里，就这么对付过去了，外交上好歹没出丑。

仁宗整整病了一个正月，直到二月初才缓过劲儿来，年也没过好。说是能上朝了，可精神头儿差多了，寡言少语，看上去经常呆若木鸡。大臣们有事奏复，不过点点头而已。皇上身边的人谁都看得出来，皇上老了，已经不大适宜再坐在那个皇帝的位子上了。至少，应该考虑册封太子。有个储君在那儿，万一有事，立马登基继位，也就出不了什么大事了。包公觉得这事儿太紧急了，马上就得跟皇上提，已经没有时间可以拖延了。

第二，对劝立东宫这件事，以往官员们谏议的力度不够，需要包公再“加把火”。

当时站出来说话的，包公并不是第一个。至和三年，仁宗又一次犯病，刚刚清醒一点，一个名叫范镇的大臣马上进奏，要求皇上在皇室亲戚中选择一位立为皇子，以此来解决东宫虚位的问题。

建议提出来后，仁宗一直没有表态，而且言语神色莫测高深，不知他是怎么想的。其实这也没什么难理解的，这位“皇子迷”怎么甘心把锦绣江山传给别人的儿子呢？再亲、再好也不如自己的亲生儿子啊！

当时还有个人支持范镇，这个人是司马光，他也上了一本，内容大同小异，特点是抓住一个“孝”字做文章。说天子与庶民虽然都讲一个“孝”字，庶民之孝是讲究奉养父母，而天子之孝是要让江山社稷传之永久。心想这回仁宗要是还没反应，就太说不过去了。谁知仁宗还真是无动于衷!

皇上一直不表态，许多大臣就有点畏缩了，不敢再贸然发表意见。只有范镇，只要一见到皇上就提这档子事，弄得皇上见了他就躲。后来朝廷下令，任命他新的职务，他以进言不用，拒不领命，表示抗议，居家待罪一百天，须发皆白。仁宗见到他不由得感动得流了泪，说:“朕知卿忠，卿言是也，当更俟三二年。”（《宋史》卷337）这一年仁宗皇帝四十七岁，等三年的话，就是打算在五十岁以前解决皇子问题。大家也就不好再提，这事儿就搁下来了。可是三年很快过去了，皇子还是没影儿，大家又着急了。这样等来等去，何时是个头?包公就在这时候上台，觉得自己身为台谏官，有责任继续前面的事业，推着仁宗往前走，尽快解决皇子问题。

第三，朝廷内外，几股政治暗流在涌动，形势变得越来越复杂。一些皇族子弟四处游说，打探消息，拉帮结派，大臣们也在窥测风向，寻找靠山。北宋时期朋党问题历来严重，此时又有加剧的趋势。难道历史上那些宫廷斗争的旧戏似乎又要在大宋朝重新上演一出?

当时有个叫王德用的枢密使听说有人建议让皇上收养一名宗师弟子进宫，很不以为然，“合掌加额，曰：‘置此一尊菩萨何地？’”意思是，你们设这么个菩萨，往哪儿摆呀?纯属恶语中伤。“或以告翰林学士欧阳修”，修曰：“老衙官何所知？”有人把这话告诉了欧阳修，欧阳修不爱听了，对王德用反唇相讥："这个老衙官懂得什么？"并立马给仁宗上了一道长篇奏疏，力陈早立东宫的必要性，但结果还是石沉大海。

仁宗采取的是一种完全回避的态度，这一招还真灵，同样的话很难反复说个没完，尤其在皇帝面前，谁有这个胆量？面对这种局面所有的人都感到一筹莫展，事情就这样僵在那里动不了。

包公决心利用自己刚刚担任御史大臣、有机会近距离接近皇上的机会，把规劝皇上早立皇子作为他上任后的第一件事。包公认为，这时候再不站出来说话，事儿就又会无限期地拖下去了。

这那场君臣对话，仁宗听完包公的一番表白，有什么反应呢？——笑了："帝喜曰：'徐当议之。'"（《宋史本传》）意思是，这事我明白，但事关重大，容朕慢慢安排吧！

宋仁宗的态度怎么变得这么快呢？就他当时的心理：面前这位老臣，白发苍苍，说出这样一番话，是很令人感动的。宋仁宗觉出刚才把话说得重了，有些歉意。自己才五十多岁，还有机会，总还有希望，而包公可是连希望都没有了，隐隐约约，还有些同病相怜的味道，于是皇上说话的口气就变了。

整个君臣对话，应该说包公的表现是相当机智、得体的：一是所说之事太过敏感，难怪皇上多心，自己也只有显示出非常严肃认真的态度，才能打消皇帝对自己的怀疑。二是前面的大臣虽多次向皇上上言，效果不佳，不把话说得重一些，引起仁宗的重视，等于没说。三是有备而来，说这么大的事，上朝之前他肯定已经做好了充分的思想准备，斥责、贬官、免职，甚至被杀头，他都准备承担下来。也就是说，仁宗的反应在他看来其实没有什么大不了的，完全在预料之中，所以应对也就很从容。可是皇上既然说了“徐当议之”，包公也就不好再坚持，叩了头下殿去了。

应该说，包公介入皇位继承人的事是要冒极大风险的。第一，皇位由谁来继承，这是皇上考虑的问题，当臣子的越俎代庖，是大逆不道，弄不好会掉脑袋。第二，皇上虽然龙体欠安，但毕竟还在壮年，离七老八十还远着呢，现在就贸然提出继承人问题，皇上可能会认为你诅咒他生不出儿子吧？真把皇上惹恼了，脑袋也得搬家。第三，“水太深”。皇帝立嗣，从来都是各派政治力量角逐的焦点，一般人躲还来不及，谁会主动往里掺和？弄不好就惹祸上身。所以，虽然当时有很多人关注此事，但多是在下面议论，很少有人敢跟皇上当面提出来。

可是，以包公的性格，再危险也得上，作为御史中丞，不能眼看着事情朝着不可逆转的方向发展，该说话的时候他老包是当仁不让的。

宋仁宗为什么跟包公说“徐当议之”呢？原来，他刚刚得到消息，嫔妃董氏、周氏同时有孕，就要生产了，后宫又燃起了新的希望。皇上感到非常兴奋，男人的自信又昂扬起来。大臣们也都暂时沉默了，大家都在等着，希望真龙天子降生，大家都安生。

第二年四月，董氏生了，仁宗在外面眼巴巴地等着，婴儿呱呱落地，内侍来报：

“圣上恭喜！”

“少废话。男孩女孩？”

“一个小公主！”

又是女儿？皇上气不打一处来：“出去！”也难怪好脾气的仁宗也发了脾气，这已经是第九个女儿了。

五月，周氏也生了，又是个女儿！以后的两年间，这两个美人又连着为仁宗生下了皇十一女、皇十二女、皇十三女。潜龙宫没用上，成了一座多余的宫殿。仁宗眼巴巴地等着盼着，心慢慢凉下来：照这个样子，再生十个，也都还是小公主！

前前后后，十三个女儿（只有五个活下来），就是没有留下一个儿子，到十三丫头出生时，仁宗已经五十二岁了。到了这时候，不仅包公这些大臣，就是皇上自己也开始明白，生儿子的希望已经渺茫了。想想自己也怪可怜的，不由得仰天长叹：“老天啊，你真的要让我断子绝孙？”

难过了些日子，仁宗慢慢想明白了，加上包公等大臣力谏，终于下了最后的决心。嘉祐六年，也就是包公进言后的第三年颁制，起用濮王允让第十三子宗实，授其官职，准备正式立为皇子。

谁知，大臣们千辛万苦好不容易说服了皇帝，那个宗实却不买账，死活不愿意当这个皇位继承人。大家只好又去劝宗实，直闹了个人仰马翻。到第二年，嘉祐七年八月的时候，宗实才算答应下来，《续资治通鉴长编》记载："上悉召宗实入宫，谕以立皇子之意。……赐皇子名曙。"这就是后来的宋英宗赵曙。

这就是事情的整个经过，包公向皇帝提出了一个放在任何朝代都异常敏感的话题，开始宋仁宗颇有敌意，反唇相讥，几乎让臣子没有再张口的机会。好在包拯并没有被他吓住。皇帝问得刁，包公回答得也刁。两人唇枪舌剑，对话之精彩，绝不弱于舞台表演。《续资治通鉴长编》和《宋史》两部正史都没有遗漏这段典故，可见它说得上是包公生涯中浓墨重彩的一笔。

至此，劝立太子的事儿终于有了个圆满结局。事实证明，在包公等大臣的督促下，宋仁宗立太子还是比较及时的，仅半年后，仁宗就去世了，政权顺利地过渡到英宗手里，风平浪静、水到渠成。那些企图争位的皇族子弟们只得偃旗息鼓，草草收兵，朝政很快安定下来。当时有不少人暗自庆幸，如果事先没有设立太子，会出什么事，谁都难以预料。

可惜，包公没能看到这一幕。他就死在这一年——嘉祐七年五月。

在当时的大臣们中，包公是建议立嗣的最积极者之一。韩琦，也是当时的一个重要人物，他这样评价：

> 帝既连失三王，自至和中病疾，不能御殿。中外惴恐，臣下争以立嗣固根本为言，包拯、范镇尤激切。（《宋史·韩琦传》）

从这段话可以体会，包公在整个事件中所起的重要作用。宋代文人敢说话是出了名的，宋太祖就立下过规矩：不杀上书言事的大臣，这在中国历史上是极其罕见的。像皇位继承人这样的事儿，搁在别的朝代绝非臣子敢言，可是在宋仁宗的时候就可以公开讨论，而且非常认真，说明当时宰相和言事官的发言权是有保证的，皇帝有什么想法也愿意同大臣商议，君臣之间，能维持一种互信、合作的关系，政治气氛显得比较宽松。尽管有意见分歧，但都能摆在桌面上公开说，比较光明正大，不搞阴谋诡计，而且所有的意见都能遵守正常的议事规则，这就把当时刚刚冒头的歪风邪气压了下去，没人能在皇帝立嗣这个敏感问题上做文章，从而有效地保证了当时的政治稳定。有人把宋仁宗时代的政治格局称为“君臣共治”，比明清时期的政治都明显好出许多，这就是事件的积极意义之所在。应该说，这也是中华民族的一种宝贵的制度文化遗产，值得认真思考与借鉴。

注：

宋仁宗立宗实为太子的时间，为嘉祐七年八月二十七日。秋天的这个月夜，宗实被一顶小轿接进皇宫。三十日，仁宗在清居殿召见皇子，朝政随之稳定，故将本章标题定为“宋宫秋月”。

第九章

包与欧阳

包与欧阳这两个人，一个是天下第一清官，百姓眼里，尽善尽美；一个是大文豪，唐宋八大家之一，北宋政坛上的大腕儿。他俩是莫逆之交，还是有恩怨情仇？都不是。读宋史，两个人的关系，即不怎么好，也没怎样坏，只是同朝为官，公事公办而已。那干吗把他俩放在一起说呢？

这里面有一段相当曲折的故事。

一、风波迭起

事情发生在嘉祐四年，也就是公元 1059 年。这年三月，朝廷上出了一件事：包公对张方平提出弹劾。

张方平何许人也？时任三司使，人称“计相”，就是国家的财政部长，距国家的权力核心只一步之遥。这人有极高的才华，对军国大事总能提出独到的见解。据说有一回，宰相富弼读他的奏章上了瘾，一口气读到更深漏尽，还拍案叫绝："此国计之大本，非常奏也。"（《续资治通鉴长编》卷318）

不过，即使是身居高位、才华出众的人，有时不留神也会犯错误。

当时京城里有个叫刘保衡的人，是个酒商，欠了官府上百万的酒曲钱。

酒曲，就是做酒的引子。宋代酒曲是由政府专卖的，商人做酒，要向政府交酒曲钱，刘保衡欠官府的就是这个钱。官府找他索要，三番五次，刘保衡扛不住了，就打算把自己的房子卖了。

买房子的，就是张方平。

成交当日，一手交钱，一手给房，酒商刘保衡得了钱，张方平张大人得了房子，两厢情愿，买卖进行得很顺利。刘保衡把得来的钱直接交给官府，就回家了。这事儿，似乎也就办完了。

没想到，过了没几天，平地起了事端。刘保衡的姑姑一状告到开封府，说刘保衡并非刘家的子孙，无权卖掉刘家的祖传家产。

开封府派人调查，发现刘保衡姑姑所说的情况属实，不过这一查，当初买刘保衡房子的张方平就露出来了。

包拯介入此案，调查之后，立即上书，弹劾张方平。

御史中丞包拯遂劾奏方平身主大计，而乘势贱买所监临富民邸舍，无廉耻，不可处大位。（《续资治通鉴长编》）

包公这样说是有根据的。这场房产变卖交易，一方是政府高官，另一方是经营状况不佳的商人，很可能是以比较低的价格买下的。调查结果，张方平的买价确实低于房地产市场的平均价。重要的是，张方平不是一般的官员，也不只是个高官，他还是主管国家财政的官儿，这就有了“执法者谋利”的嫌疑。结果，包拯一奏成功，张方平被免职。

事情还没有完。接三司使空缺的是翰林学士宋祁。这人也颇有来头。北宋历史上有“二宋”的说法，其中一个就是这个宋祁，另一个是他亲哥，名叫宋庠，哥儿俩同科进士，哥哥宋庠官儿更大，当过宰相。

谁知没过多久，包拯再次上书，又弹劾宋祁。他提出了两条理由：一是宋担任益州知府的时候只知道游山玩水，三日一席，五日一宴，不理政事，没个当官的样子；第二，宋庠是当朝的参知政事，为了避嫌，宋祁也不能出任三司使。

由于包公说得确实有理，上奏再次生效。宋祁在三司使的椅子上只坐了二十天，屁股还没坐稳就被赶下台来。

如果故事到此为止，大家仍可相安无事。因为威震开封府的“包龙图”连皇亲国戚都敢弹劾，弹个小小的张方平、宋祁算什么？即便当朝相爷，弹劾了又怎样？包拯就是包拯，没有他不敢干的。

关键是皇上在发愁：两任三司使都下台了，财政部长谁来当？甲？不行；乙？摇头。干脆，让包拯自己干吧！于是，仁宗让人连夜拟定诏书，任命御史台包拯就任三司使。

第二天早晨上朝，仁宗就把这个决定宣布了。包公欣然领命：臣领旨谢恩！就准备去上任了。

可是，这一下却炸了锅，满朝文武，一片哗然。

翰林学士欧阳修立即做出反应，站出队列，表示坚决反对：陛下，包拯不能当三司使，皇上你要收回成命！包拯你也是，皇上是任命了，可你没见那是块烫手山芋吗？不该接你也接？官场上什么规矩难道不懂？

欧阳修越说越激动，声色俱厉，胡子翘起老高。

应该说，欧阳修的意见代表了当时很多人的想法，所以周围大臣们随声附和的不少。

朝廷上这天真够热闹，欧阳大人在大殿上慷慨陈词，而向来以廉洁奉公、敢于直言著称的包拯包大人，这回不再理直气壮，闷头一声不吭。早朝，不欢而散。史料记载：“命下之日，中外喧然。”（《论包拯除三司使上书》）

皇上下达任命那天，朝廷内外引起极大的震动，人们议论纷纷，不仅朝廷上如此，社会上，也是街头巷尾、茶余饭后的谈资。

二、名节之谬

包公任三司使，招来这么多人的反对，为什么？是仁宗选错人了？包公历来以廉洁著称；是缺乏经验？担任过转运使、都转运使、户部副使，都是掌管经济部门的官，财政经济，人家包公并不陌生；那么，是包公才能不够，难以担此大任？更不是。包公在政坛上的威望是很高的。仁宗年间，宰相富弼，翰林学士欧阳修，太学胡瑗，加上御史中丞包拯，这四位，都是响当当的人物，时人称之为“嘉祐四真”。仁宗并没有选错人。

那人们看重的是什么呢？两个字：名节。

名节是什么东西？简单说，就是名誉、气节、操守，被士大夫们视为立身之本、为官之道。丢了名节，比丢了命还紧要。

欧阳修所谓官场“规矩”是指，当官的首先要讲究“名节”，懂得“谦让”。就是说，当你接到被提拔重用的任命时，即使心里头欣喜若狂，急不可耐，可是行动上不能表现出来，不能马上接受，而应该先上表，说上几句自己才识浅薄、难当此任的话，辞让一番。

欧阳修认为，正是在这个问题上，包拯和朝廷两方面都出了错。

第一，包拯的错。指责别人的过失，驱逐别人的官位，只要有充分的理由，是可以的，问题在于，你在批评、驱逐了先后两任三司使之后，自己却捷足先登，这就不可以了，触犯了官场大忌。欧阳修说，这好有一比：

> 蹊田夺牛，岂得无过？而整冠纳履，当避可疑。（《论包拯除三司使上书》）

“蹊田夺牛”，是句成语，来自《左传》。蹊，践踏的意思。是说，人家的牛把自己的田给践踏了是不对，道歉、赔偿都是应该的，可是据此就把人家的牛给夺过来就太过分了。整冠，是说别在人家李树下边整理帽子，人家会以为你想偷人家的李子；也别在人家的瓜田里提鞋，人家会以为你是个偷瓜贼。这话，说得够损，把包公形容得相当不堪。

第二，朝廷的错。包拯“素少学问，朝廷事体或有不思”；“学问不深、思虑不熟，而处之乖当”（《论包拯除三司使上书》），是说包拯他没啥学问，事情考虑不周可以理解，怎么朝廷也不慎重权衡呢？

欧阳修，公认的文学大家，那句“醉翁之意不在酒，在乎山水之间也”，实在是太绝妙了。醉翁的文章，的确是冠绝天下，垂范后人，没人否认，论文学成就，远在包公之上。

包公不是个长于诗词歌赋的人，平生只留下一首诗，就是前文提到过的“清心为治本”那首，思想境界不低。

可是，世界上文学成就高的有几个人？更多的是读者，而非作者。包公则是实践者。

话说回来，人家包公也是进士出身，学问应该也是过得去的。当然，跟你欧阳修比不了。不过，拿着自己的长处去说别人的短处，损人没这么损的，欧阳修也显得不厚道。

欧阳修认为，“如拯材能资望，虽别加进用，人岂为嫌。其不可为者，唯三司使耳！”（《论包拯除三司使上书》）。

做臣子的就是要这样讲究名节，而做皇上的，应该保全臣子的名节。朝廷要是真的爱惜包拯的名节，让他当什么官都行，唯有这三司使，他不能当！

应该说，欧阳的主张也是当时多数大臣共同的想法，很有代表性，所以呼应者很多。

有一种观点认为是包公官场经验不够。从年龄上说，包公比欧阳大八岁，但四十岁才出道，由于在父母跟前守孝道，比同科进士晚了十年；而欧阳修二十岁出头就进入政界，见多识广，官场经验上，强过包拯。但这不是主要的原因。

包公虽然也在官场上干了多年，可是官场上的那些个猫腻，那些潜规则，一点儿没学会。用现在的话说，就是实心眼，一根筋，不会拐弯儿。看着别人不行，自己能干就接下来，他没觉出有什么不妥。况且也是皇上任命，名正言顺，他没想那么多。

这种不避非议、当仁不让的精神，是对官场规矩的反叛。

比起欧阳修们的“名节”来，哪个更可宝贵呢？

所以，这不是时间长短的问题。再给包公十年，他也照样学不会官场上那些私下里流传的规矩；反过来说，再给欧阳修十年，他也做不到包公这么实诚。

名节这东西，有它合理的一面，但也有谬误的一面，过分坚持，也会误人、误事。

三、包公有失

北宋有文官治国的传统，政坛上有朋党之争，有腐败，有黑暗，但也有值得研究和借鉴之处：官员们弹劾起人来，是不留情面的。

不过，在当时，官员受到弹劾，其实是一件很平常的事。被弹劾，不一定是对这个人的全部否定，只是说他不适于担任某项职务，得挪地方，让称职的人来干。古时候的官员已经做到了，现在的官员们更应该没问题吧？

包公本人多年担任台谏官。在宋代，台谏的主要职责就是给体制、给官员，甚至给皇上挑刺儿、找毛病，有不对的地方就说，这是台谏的职责所在。看到不说，那是不尽责。官员们对台谏官都有点怕，甚至连皇上也让三分。包公一生，经他弹劾的官员有六十一人之多。弹劾人多，得罪人也就多，总有一天自己也会被别人弹劾。

不过，包公遭人弹劾，历史上也只这一次。

在这件事上，包公有没有不当之处呢？应该说也有。在欧阳修看来，问题不是出在包公他的动机上，而是在效果上："今拯欲自信其不见之心，而外掩天下之迹，是犹手探其物，口云不欲，虽欲自信，人谁信之？"（《欧阳修集》）

就是说，你说你有好的动机，谁看得见？大家看得到的，是你把别人弹劾走了，自己坐到那把椅子上去了。这时候，你说没有取而代之的意思，你信，我信，别人谁信？就像把手伸进别人的口袋里，你说没有偷东西的意思，只是随便伸一下手，人家能相信么？

欧阳修说的话有一定道理，这些问题，包公确实没想到，令他警醒。世界上有些事是不得不顾忌的，如名节问题，直肠子、一根筋是不行的。所以他采取了回避的态度，告病回家。但他没有辞职，原因很简单，他始终认为自己没错。

整个事件中，宋仁宗是什么态度呢？基本上说，没表态。欧阳修你弹劾就弹吧，你骂就骂吧；包拯你告病回家就回吧，大臣们议论你们就议论吧，我不说话，也不撤回我的任命。包拯不称职吗？他的品行不好吗？谁敢这么说？就是你欧阳修也不敢这么说。我看人没错，干吗收回成命？

仁宗在等，等什么？等着事态自然地冷却下来。果然，过了不久，欧阳的气也消了，也没人议论了，风波慢慢平息了，仁宗派人给包公传信儿，没事了，出来赴任吧！宋仁宗这一手是很高明的。

而包公，接到皇上的信儿，左右看看，没人盯着，心里也踏实了，遂大摇大摆，到三司上班去了。

风波是欧阳修挑起的，也以他的偃旗息鼓而结束。

包公上任三司使之后，没有听到有谁再提出什么异议，对他的政绩，也没见谁提出过批评，说明他是胜任的。宋仁宗没有看错人。这以后包公又升官了，进入两府核心，包与欧阳两人同朝共事，没再发生过什么问题，看上去挺和谐。

四、墓志之憾

欧阳修的批评如此激烈，是不是对包公有成见呢？不是。早在三年以前，也就是嘉祐元年，公元 1056 年，欧阳修曾上书全力举荐包拯。他对包公的评价是：

> 池州包拯，清节美行，著自贫贱，谠言正论，闻于朝廷。（《欧阳文忠公全集》卷 13）

“谠”，正直的意思。这是很高的评价，说明欧阳修是了解包拯的。

包与欧阳两人其实很相像，一样的淡泊名利，一样的正派清廉。对官场上的丑恶现象决不姑息，你猛，我比你还猛。

欧阳修平生爱好，琴棋书画而已。他曾经说：

吾集古录一千卷，藏书一万卷，有琴一张，有棋一局，而常置酒一壶，吾老于其间，是为六一。（《欧阳修集·附录二：先公事迹》）

欧阳修好喝两口，字永叔，号很别致：醉翁，晚年号“六一居士”。而包公，连这个嗜好也没有，一天到晚，就是忙他的工作，兢兢业业一辈子。

欧阳修跟包公的不同之处，是他有很强的名节观念，而且处事要灵活得多，经验丰富得多。他俩不只是性格上不一样，在对待生活的理念上，也不完全一样。

所以，两人共事长达二十五年之久，既未成为以道义相交的朋友，也不是冰炭难容的政敌，两人的关系，有点微妙。

不过有一点，这两个伟大的人，在内心深处是惺惺相惜的，是一种“真男人”的关系。

后来发生的一件事，兴许让人心存疑虑，这件事可能还是在包公的心里留下了阴影？

包夫人董氏墓志铭上有一段文字：

初孝肃薨，有素丑公之正者，甘辞致唁，因丐为之志，夫人谢曰：“已委吴奎矣。”既而谓家人云：“彼之文

不足罔公而惑后世，不如却之之愈也！”（《包拯集校注》）

是说包公去世后，有一个人曾派手下到包家，跟包夫人说自己愿意做《包公墓志铭》的撰写人。可是包夫人摇了头，说已经委托一个叫吴奎的人写了。来人摇着头、叹着气回去了。

那么，这位上门自荐的人是谁呢？是谁在包拯生前公开批评过包拯，又在包拯死后不久主动提出要为其撰写墓志铭呢？包夫人为什么拒绝来人的请求呢？

包夫人不会凭空拒绝的，肯定有她的理由。或许，有包公在世时的遗嘱，或者，是包夫人心里没底，不知道这位官人会写成什么样子，会不会在包公死后再次歪曲包拯形象，误导后人？

这人究竟是谁呢？据近年来包公史专家的多方考证，这个被包夫人婉言谢绝的人，很有可能就是欧阳修！

对于包公的溘然长逝，欧阳修肯定也是十分悲痛的。不打不成交。欧阳修对包拯一生的认识，比任何人都更深刻。再说，凭他的才学，撰写包公墓志是理所当然的人选，无人敢争。可以想象欧阳修被包家拒绝的心情，肯定是非常伤感的。

若果真是欧阳修，那可是天大的憾事了。欧阳修的道德文章名冠天下，岂是吴奎可比的？如果包公的墓志铭不是由吴奎，而是由欧阳修撰写，今人读的是欧阳修的大作，那可就大不一样了……

那将是中国文化史上怎样的一桩千古佳话啊！

当然，也有另外一种可能。就包公的个性，他也许是刻意而为，用心良苦：不求身后青史留名，但求真实，明示包氏子孙后代而已。因为包公为官数十载，曾官至枢密副使，一生清廉，两袖清风，不图虚名，不讲排场。生前尚且如此，想必在他身后也不会动心思请名人为自己树碑立传、歌功颂德。若真有此意，就算他不用欧阳大人，当朝大手笔又不止此一人，为何单单就请了吴奎呢？

历史，总是给人留下一些迷雾，一些遗憾。

第十章

劲正之臣

一、包公之死

常年积劳成疾，终于有一天，包公病倒了。情况很严重，大家七手八脚把他抬回家，紧急招来医生救治。

关于这件事，包公的墓志铭上记载着：“嘉祐七年（1062）五月己未，方视事，疾作以归。上遣使赐良药，辛未，遂以不起闻。”

包公发病的时间，上面说得很清楚，嘉祐七年五月己未。当时包公“方视事”，就是正在处理政务，具体在什么地方发病，有两种说法，一说在他的府衙，也就是枢密院，正在处理军政要事之时；另一种说法是在宫里，与宋仁宗及一干大臣商议朝政之时。

包公劳累一生，现在不得不虚弱地躺在病床上，他心里明白，眼下自己已是凶多吉少，来日无多了。他把包绶（当时还叫包綖）唤到床前。望着只有五岁的包绶，包公心里感到一阵阵的悲凉，不禁流下泪来。周围的亲人紧着劝慰。包公摇摇头，叹息了一声，吩咐："取笔墨来！"

包公拿起笔，想了想，就在纸上写下了几句话——就是他的遗嘱：

> 后世子孙仕宦有犯赃滥者，不得放归本家；亡殁之后，不得葬于大茔之中。不从吾志，非吾子孙。仰珙刊石，竖于堂屋东壁，以诏后世。

他告诫包绶以及后世子孙，如果你们做官，决不能去干那些贪赃枉法的勾当，如果真的有那不肖子孙，他就不是我包拯的后人——我不认他是包家的子孙，不准他进包家的大门，死了也不准埋在我包家的墓园之中。你们要把这几句话刻在石头上、竖立于堂屋的墙壁上去，让包家的后代，子子孙孙天天看着它，千万不要忘记！

包公为什么书写这么几句话作为自己的遗嘱呢？他心里十分清楚，按朝廷的规矩，他死了以后，儿子包绶会受到"荫补"，可以继续为官。可是现在包绶还小，今后他会怎么做这个官，自己如今已经管不了了，规矩现在就得立下来——包公一生最讨厌的就是贪官，他本人就亲手收拾了不少贪官污吏，他不想让自己唯一的儿子走邪路、做贪官，宁可包绶不当那个官。

什么叫语重心长、字字千钧？就这几句平实而有力的话，在中华历史上足以光照千秋，世代相传，不仅包家的后世子孙，也包括今天的人们，为天下所有的为官者敲响了警钟。这钟，已经敲了九百多年，看来还得继续敲下去。

今天还有多少人记得包公的这个家训？又有多少人还会想到用它来教育自己的儿女？有多少为官者还会把它作为座右铭呢？

包公的身体彻底垮了，医生也回天乏力，十多天后，这位清心为本、直道身谋，得罪了无数人而同时得到更多的人爱戴敬仰的大宋枢密副使包拯与世长辞，享年六十三岁。

中国历史天空中的一颗巨星陨落了！

二、暴亡之谜

包公从发病到亡故只有短短十一二天的时间，怎么这么快？不用说，包公生前不畏权贵，不徇私情，贪官污吏对他恨得咬牙切齿，又这样突发急病去世，于是难免引起了一些人的怀疑，包公真的是病死的吗？是不是被谁毒死的？

包公被毒死的这种说法站不住脚，有两个根据：

第一，科学分析的结果不支持。中国科学院高能物理研究所与安徽省博物馆合作，曾经对包拯遗骨进行了研究，发现包拯遗骨中钙、铁、汞元素确实比现代人骨的含量高，而砷和铅的含量比较低。那么，包公真的是被别人毒死的吗?

在古代，毒药主要有砒霜（砷）、朱砂（汞）两种，都是剧毒的物质，包公遗骨中的砷含量比较低，可以排除包拯生病时服用砒霜的可能性。至于汞的含量高，有两种可能：一是古人为保存尸体，经常在棺木中放进朱砂，朱砂对骨头的侵蚀引起汞含量增高；另一种可能是包拯生前曾服用小剂量含汞的药物。这两种可能性都存在。所以，科学家的分析结果是，包公属正常死亡，也就是说，包公不是被人害死的。

第二，宋仁宗会不会加害于包公?包公生病期间，“上遣使赐良药”，确实曾经服用过仁宗派人送来的药，但种种史料可以证明，仁宗不会有加害包公的企图。

宋仁宗是一个比较开明的皇帝，仁义宽厚。在用人上，他能任用一些比较有才能的人，包括像包拯那样敢于提一些非常尖锐意见的人。包公敢于直谏，执法如山，又不懂得阿谀奉承，这样的人正是宋室为了维护赵氏江山所需倚重的。这个问题，宋仁宗想得明白。

包公抱病在家期间，宋仁宗前往包拯府中探望。那是他们君臣二人，最后一次的晤面。包公去世后，皇帝表现得非常悲痛，“幸其第临奠，辍视朝一日”，亲率百官登门吊唁。为了追念包公生前的功勋，赐其谥号曰“孝肃”，所以，后世人们又称包公为“孝肃公”。

一年后，皇帝派专使随包家人护送灵柩归葬庐州老家。

因此，说包公是宋仁宗害死的，于史、于情，毫无根据。

三、三十四块遗骨

包拯被安葬于现在的安徽省合肥市东郊大兴集。说起包公墓，里面还有个谜，这个谜到现在也没有完全解开。

“文革”期间，包公墓也难逃一劫，要改成一座石灰窑，“有关方面”通知包氏后人在期限内把坟墓挪走，过期就不客气了——平坟。

荒唐，但却是真事。

包家人急了，赶紧抢救老祖宗。当时文物部门出于职责也来此寻找、收集包公的文物。先得确定包公墓的位置，可是这一找，竟一下子找到了十几个包公墓，其中最大的一座主墓，经反复证明，并不是真正的包公墓。也就是说，几百年来，包氏后人世代祭祀的这座墓，其实并不是包公本人的墓，这么多年来，子孙磕头磕错了坟头。

怎么有这么多包公墓呢？原来，当年包大人专门整治那些个有权有势的豪门望族，有不少被判了重罪，倾家荡产，有的甚至送了性命，整个大宋朝，得罪豪门最多的就是这位包大人了，他们能善罢甘休吗？包家人不能不担心，就算包公死了，他们也要多修几座坟茔，让那些歹人找不到包公的藏身之地。

据说包公生前曾跟身边的人说，哪个敢贪赃枉法、蠹害百姓，老夫手下决不留情！日后老夫死了，你们要尽快把老夫运到合肥妥葬。老夫一生就这个唯一的请求了！

那么，真的包公墓到底在什么位置呢？问包氏后人，他们也不知道。包氏宗谱里没留一个字，刨了几座坟也没发现什么，发掘人员一时间失去了目标。

据史料记载，包公是在病逝后的第二年从开封归葬在合肥的。由于包公生前执法如山，得罪了不少皇亲国戚、贪官污吏、地痞恶霸，他们对包公无不恨之入骨，欲焚尸碎骨而后快。因此，当时包公的家人做了二十一口同样的棺材，由合肥当时的七座城门同时往外出殡，让人真假难辨。历经九百多年的蹉跎岁月，至获准发掘时，已经没人知道包公具体葬在哪里了。

这事儿说起来挺神奇，正在大家一筹莫展的时候，来了一个老头儿，叫夏广宏，自称是个守墓人，说他知道包公墓的准确位置！

原来，南宋时重修包氏墓的时候，为了掩人耳目，把包公墓移葬建在了墓园之外，在墓园附近又修了一座小墓，这个墓其实才是真正的包公墓。不仅如此，当时的人还在这个墓的对面建了一座假墓，古时候又称为“疑冢”。包氏后人对这个重要的秘密毫不知晓，而守墓人却把这个秘密世代相传，一直守护到包公墓发掘的这一天。

大家听他这么一说非常吃惊，赶紧去挖，发现地下还真的有座坟墓，经过专家考证，的确是真正的包公墓，最重要的是，在这里找到了包公的遗骨。

发掘小组将包公及其家人的遗骨交给了包氏后裔。包家人就准备让包公及其家人的遗骨回归故里安葬。谁知，当地公社书记却以“搞封建宗教活动，大包村的土地不能让封建社会的孝子贤孙给抹黑”为由，不允许包公的尸骨下葬，否则强行销毁。

这真是，一介草民尚有三尺葬身之地，而数百年的忠魂，却找寻不到一抔黄土以安身！

老祖宗无处安身，包公的后人非常着急，在一块合计，选定了包公的第三十五代孙、为人忠厚的包先正，委托他妥善收藏老祖宗的遗骨。包先正领命，1973 年 8 月的一天晚上，和女婿一起赶着毛驴车到合肥来运饲料，先买了十一个小坛子，把包公遗骨分装在这十一个小坛子里，然后又藏在饲料袋里，神不知鬼不觉地运回家乡，埋到了本村附近的龙山上。

1980 年，当时的安徽省省委书记知道了包公墓在“文革”期间的遭遇，下令举行一个隆重的包公遗骨迁安仪式，时间就定在清明节前一天。这天，专家、领导和包氏后人纷纷到场，当场从龙山上挖出了十一个坛子。大家小心翼翼地打开坛子，意想不到的事发生了，原来应该藏在龙山坛子里的包公遗骨没有了。坛子尚在，遗骨却不翼而飞了！

当时负责安迁的程如峰先生脸刷地一下就白了，当即把另一位同事找到一边，定下对策：把包公遗骨丢失的事隐瞒下来，秘而不宣。

十一个坛子是包先正埋藏的，为什么不找包先正问问呢？原来，包先正早在两年前就去世了，包先正为什么没把装有遗骨的坛子直接掩埋，而是埋在了别处，他埋在哪儿了？这么重要的事，他没跟自己的子孙或者别的包家后人说过遗骨的真实去处吗？包氏子孙们真的不知道内情吗？这成了一个至今难解的谜。

或许还有一种可能，包家的某个人知道包公遗骨真正的埋葬地，只是由于某种心照不宣的原因他们不愿意说，不想让外人知道实情。作为包氏的后代子孙，他们想让老祖宗在某个地方安享宁静，不受混沌的尘世干扰。他们有这个权利。

那么，包公遗骨真的全部丢失了、找不到了么？当时程如峰的心情的确非常沉重，找不到包公遗骨，弄几个空罐子糊弄人，无论如何说不过去，而且也对不起世人敬仰的包公。他忽然想起一件事：1973 年发掘包公墓时，曾经挑出三十四块骨头，寄到中国科学院古脊椎与古人类研究所做鉴定。当时的鉴定结论是：宋朝，男性，确认为包公遗骨。

程如峰赶紧去寻找，谢天谢地，还真的让他找到了。七八年过去，那包遗骨竟原封未动，还放在一个橱柜的顶上，上面落满了灰尘。程如峰如获至宝，赶紧把遗骨带回家中，藏了起来。

两年后，包公墓建好，这位可敬的程先生就把这包遗骨移到墓中的棺材里。于是，现在看到的包公墓就是真正存有包公遗骨的包公墓了。

如今，这三十四块遗骨，就是包公仅存的遗骨了。生前刚正不阿，死后备受赞誉、受世人传颂的包公，他的遗骨千百年来，竟然数易其地，凄然流浪，以致最终难得保全。至今，不知所踪的是一段包家人永远不打算向外界张扬的，充满痛楚、困惑而又无奈的真实的故事。人们除了理解和叹息，还能做些什么？

四、包公后人

包公的独子包绶，这个人在历史上怎么样呢？据史料记载，他“生平清苦守节……遗外声利，罕有伦比”。四十八岁那年，包绶赴任谭州通判，在途中病故。人们打开他的箱子发现，“除诰轴、著述外，曾无毫发所积为日后计者”，只好把他随身的墨砚、印鉴、碗罐等，置于棺木中陪葬。1973 年清理包绶墓，证明史籍所载不虚，从墓中找到的都是一些瓦罐砚台之类的不值钱的简单遗物。

包绶的夫人文氏,是当朝副相文彦博的小女儿,身世显赫,却也是“赋性寡欲,常不茹荤,以清静自将”,严格遵循包拯的家训。

包公的孙子包永年,历任县主簿、县尉、县令等职,“凡厥莅官临事,廉清不扰”。死后,清理他的财物,“了无遗蓄”,丧葬费用,还是两位堂弟资助的。

做官做到如此廉洁,怎能不令后人感叹?就是今天的官员们,都能做到吗?

包公后人,品质一如包公,弘扬祖德,没给包公丢脸,形成了包氏家族特有的“孝肃家风”。包绶墓、包永年墓,以及夫人和子媳之墓,都葬于包拯墓之侧,进了包家的墓园,终不愧为包拯子孙,同样得到后世的敬佩。

中国人看重家风,看重家庭声望,这是一个好传统。好家风一旦形成,能影响几代人。好的社会风气只有在良好的家风基础上才可能形成。

古往今来,官风与家风,治国与治家,总是紧密相连的。作为一位官员,不管他官风如何,家风很糟,后院起火,养出纨绔子弟,乃至权势狂、金钱狂,而自己还能留下清官之名的,史册上没有,老百姓的心碑上更没有。

五、阎罗菩萨

包拯墓附近有一条包河，据说包河里产的藕消失十多年后又奇迹般地重现，而且这种藕非常奇特，掰开后两段之间“无丝”，有人说，它象征廉洁“无私”的包公精神。人们称这种藕叫“包河藕”。

合肥包公墓不远处，有一座包公祠，那是包公幼年读书的地方。大家一定别忽略了，那里有一口包公井。说起这口井，那可是非同寻常。

民间流传，说包公生前曾在合肥自家门口打了口井，准备留给子孙享用。奸臣太师抓住了把柄，向皇上告了一状。皇上问包公，“可有此事？”包公答：“确有此事。”庞太师小声对皇上说道：“就凭这一条，就该严办。”皇上想了一下问庞太师：“世上什么水最清？”太师答：“那还用说，当然是井水。”“包卿要把井当一面镜子留给后人，要他们不要坏了包家官清如水的名声，这有什么不好？”皇上的话令庞太师瞠目结舌，无言以对。

包公趋前禀奏：“陛下，我的井不是平常的井，叫廉泉。我的子孙若有不肖，喝了可是会头疼的！”皇上听了大笑，传旨，要把包家的那口井好好地保存下去。

包公死后，人们就在那口井的旁边立祠纪念，还修了一座“廉泉亭”。相传，有个知府曾经喝了一口廉泉的井水，没走出三步，突然感到头痛欲裂——“真的啊！”吓得他连夜逃跑了。

如今要是去华东名城合肥旅行，别忘了去环城公园，到包公墓前去拜一拜。不过，贪官们可就得小心了，去了包公祠可别喝廉泉井水，否则会感觉头痛的。

六、宏伟心碑

“宋有劲正之臣，曰‘包公’。”吴奎撰写的《包公墓志铭》，开篇气势夺人。父母身边十年尽孝，天长县巧断牛舌案，端州为民掘井取水，庐州府杖打亲娘舅，池州昭雪和尚冤案，开封府正门放告，清理惠民河障，六弹国丈张尧佐……说包公是劲正之臣，绝对是对他最贴切的评价。

在开封博物馆里，还保留着宋代流传下来的一块石碑，叫《开封府题名记碑》。碑上刻有历任开封府尹的名字。奇怪的是，在本来是包拯名字的位置上，竟然找不到包拯的名字，残存的字迹也十分模糊：“……二年三月龙图阁直学士权知……”其余的字完全看不清了。

据说，包拯的名字，早在南宋时就找不到了。那么，包公哪儿去了？

史料记载有这块碑的来历。宋真宗天禧年间，朝廷曾搞了一次官员“题名记”活动，其目的是给为官的立个榜样，看过去的人是怎么当官的，你们得向人家学习！说起来，有点像现在的思想教育。

可是，无意中，这块碑为后人留下了一份极其珍贵的遗产。

当皇上的、当官的怎么想，其实老百姓不感兴趣，百姓最关心的，还是能贴近自己，为自己办事、解决问题的人。人们扶老携幼，一群一群地来到碑前，在碑上寻找“包公”，抚摸“包公”，和包公对话，对着石头诉说。

就在这不知多少次、多少人的抚摸下，石头上包拯的名字慢慢不见了，竟然生生地给“摸”掉了！那道深深的痕迹，积聚的是苦难的中国人民对公正、清廉与法律的呼唤。

世上立有许许多多各式各样的碑，但是，又有哪一座碑，能比老百姓的心碑更高大，更伟岸呢？据说，上世纪80年代还有人写信：河南，开封府，包大人收。投递员左看右看，不知道自己该把这封信投给谁，只好送到了市政府，而现在的市长当然不是包大人了，就又转给了包公祠。

而包公祠，不过是一个文物管理机构而已，再也不是昔日的开封府了。

包公沿着历史的黄尘古道，已经走了九百多年，一去不复返了，而他的伟大精神，却永存于人世间，活在黎民百姓的心中……

（京）新登字 083 号

图书在版编目（CIP）数据

正说包公 / 李炜光著 . —北京：中国青年出版社，2013.7
ISBN 978-7-5153-1740-3

Ⅰ . ①正… Ⅱ . ①李… Ⅲ . ①包拯（999 ~ 1062）– 人物研究
Ⅳ . ① K827=441

中国版本图书馆 CIP 数据核字（2013）第 137943 号

责任编辑：方小玉
装帧设计：瞿中华

出版发行：中国青年出版社
社址：北京东四 12 条 21 号
邮政编码：100708
网址：www.cyp.com.cn
编辑部电话：（010）57350503
门市部电话：（010）57350370
印刷：三河市世纪兴源印刷有限公司
经销：新华书店

开本：880 × 1230　1/32
印张：5.375　　插页：8
字数：10 千字
印数：1-5000 册
版次：2013 年 8 月北京第 1 版
印次：2013 年 8 月河北第 1 次印刷
定价：26.00 元